乡村建设工匠培训通用教材

乡村建设工匠基础知识

乡村建设工匠培训通用教材编委会　编写

中国建筑工业出版社

图书在版编目（CIP）数据

乡村建设工匠基础知识/乡村建设工匠培训通用教材编委会编写. -- 北京：中国建筑工业出版社，2024. 7.（2025.7重印）--（乡村建设工匠培训通用教材）. -- ISBN 978-7-112-30121-8

Ⅰ．D410

中国国家版本馆 CIP 数据核字第 2024RT8322 号

本套教材是根据《乡村建设工匠国家职业标准（2024年版）》《乡村建设工匠培训大纲》编写的全国通用培训教材。包括《乡村建设工匠基础知识》《乡村建设泥瓦工》《乡村建设木工》《乡村建设钢筋工》《乡村建设水电安装工》5册，内容涵盖初级、中级、高级。本套教材可作为乡村建设工匠培训用书。

为了更好地支持乡村建设工匠培训工作的开展，我们向采购本书作为教材的单位提供教学课件，有需要的可与出版社联系，邮箱：jckj@cabp.com.cn，电话：（010）58337285。

责任编辑：李 慧 李 杰
责任校对：赵 力

乡村建设工匠培训通用教材
乡村建设工匠基础知识
乡村建设工匠培训通用教材编委会 编写

*

中国建筑工业出版社出版、发行（北京海淀三里河路9号）
各地新华书店、建筑书店经销
北京建筑工业印刷有限公司制版
天津安泰印刷有限公司印刷

*

开本：787毫米×1092毫米 1/16 印张：13 字数：269千字
2024年8月第一版 2025年7月第二次印刷
定价：45.00元
ISBN 978-7-112-30121-8
（42070）

版权所有 翻印必究
如有内容及印装质量问题，请与本社读者服务中心联系
电话：（010）58337283 QQ：2885381756
（地址：北京海淀三里河路9号中国建筑工业出版社604室 邮政编码：100037）

丛书编委会

编委会主任 刘李峰

编委会副主任 杨 飞 赵 昭

编委会成员

程红艳 苏 谦 万 健 王东升 黄爱清
厉 兴 孙 昕 揭付军 樊 兵 陈 颖
崔秀明 周铁钢 王立韬

主　　编 杨洪海

副主编 何青峰

主　　审 周 明

组织编写单位

住房和城乡建设部人力资源开发中心

丛书前言

乡村建设工匠是乡村建设的主力军。2022年新修订的《中华人民共和国职业分类大典》将乡村建设工匠作为新职业纳入国家职业分类目录。为落实全国住房城乡建设工作会议部署和《关于加强乡村建设工匠培训和管理的指导意见》（建村规〔2023〕5号）的要求，进一步规范乡村建设工匠培训工作，大力培育乡村建设工匠队伍，提高乡村建设工匠技能水平，更好服务农房和村庄建设，在住房城乡建设部村镇建设司指导下，编写团队严格依据《乡村建设工匠国家职业标准（2024年版）》《乡村建设工匠培训大纲》编写了本套通用培训教材。

本套教材包括《乡村建设工匠基础知识》《乡村建设泥瓦工》《乡村建设木工》《乡村建设钢筋工》《乡村建设水电安装工》5册，内容涵盖初级、中级、高级，其中《乡村建设工匠基础知识》介绍了乡村建设工匠应掌握的工程设计、施工、管理、安全、法律法规等基础知识，其他分册介绍了乡村建设工匠4个职业方向的专业技能要求，在培训时要结合两本教材，根据培训对象的技能等级要求进行培训教学。各地可以在通用教材的基础上，根据地域特点和民族特色，从实际出发，灵活设计培训教学内容。后期，编写组还将根据培训实际，组织编写乡村建设带头工匠培训教材。

本套教材4个职业方向的基础部分由湖北城市建设职业技术学院程红艳副教授团队编写，保证了各职业方向基础知识内容的统一性和完整性；教材主编、副主编、主审组织专家团队对教材进行了多轮审核，保证了丛书的科学性和规范性。限于时间有限，本套教材还有不足之处，恳请读者在使用过程中提出宝贵意见。

前 言

为落实党中央、国务院关于乡村人才振兴的重要指示精神，大力培育乡村建设工匠（以下简称工匠）队伍，更好地服务农房和村庄建设，依据国家职业标准，以提高工匠技能水平和综合素质，培育扎根乡村、服务农民的工匠队伍，提高农房质量安全水平为原则，编制本教材。

本书由八章内容组成，涵盖了职业道德、识图知识、计算知识、测量知识、工程材料知识、劳动保护、安全知识、环境保护、文明施工知识、相关法律、法规知识等多个知识面，基本形成了乡村全过程建设主要环节知识体系。本教材吸收了建筑工程领域新概念、新技术、新方法，本书既是乡村建设工匠培训教材，也是建筑工匠自建住宅的实用工具，也可为村镇建设管理者的工作提供参考。

本书的编写人员均为多年从事教学并具有丰富施工经验的教师，因此在编写的内容上更符合实际，更具有操作性。本书由四川建筑职业技术学院苏谦、万健担任主编，王妍担任副主编，具体分工为：第一章由苏谦、万健编写，第二章由邓蓉编写，第三章由王妍编写，第四章由曹春林编写，第五章由宋丹露编写，第六章由杨卫奇、万健编写，第七章由苏谦、冯昱燃编写，第八章由曹春林编写，全书由万健统稿。许辉熙主审。

本书重点突出，体系合理，取材恰当，联系实际，具有科学性、实用性、先进性的鲜明特点。将纸质形式与数字形式有机结合，重难点内容配备了二维码，微课视频讲解，随扫随学，提高了教材的实用性和可读性。为了达到形象、直观的教学目的，书中配置了许多插图，视频、以便乡村建筑工匠所学知识的掌握和认识。

本书在编写过程中得到了人力资源和社会保障部，住房和城乡建设部人事司、村镇建设司，住房和城乡建设部人力资源开发中心，四川省住房和城乡建设厅的大力支持，在此表示衷心的感谢！

目 录

第一章　职业道德基本知识和职业守则 001
第一节　职业道德基本知识 001
第二节　职业守则 003

第二章　识图基础知识 010
第一节　建筑识图基本知识 010
第二节　建筑结构构造基本知识 026

第三章　计算知识 039
第一节　建筑面积计算知识 039
第二节　基础土方量计算知识 046
第三节　模板、架体用量计算知识 048
第四节　钢筋用量计算知识 053
第五节　混凝土、砌块用量计算知识 059
第六节　水电材料用量计算知识 069

第四章　测量知识 075
第一节　测量仪器及使用 075
第二节　水准测量 085
第三节　角度测量 091

第五章　工程材料基础 100
第一节　钢筋、混凝土、砂浆、水泥、砂子、石子、块材等规格型号知识 100
第二节　水管、线管、电线、电缆、桥架、配电箱等规格型号知识 112
第三节　模板、钢管脚手架、竹木脚手架、门式脚手架等规格型号知识 134

第六章　劳动保护、安全知识基础知识·····143

第一节　职业健康、劳动保护、安全生产相关知识·····143

第二节　消防、现场救护基本知识·····158

第七章　环境保护、文明施工基础知识·····171

第一节　施工现场环境保护相关知识·····171

第二节　成品、半成品保护相关知识·····176

第三节　安全文明施工·····181

第八章　相关法律、法规知识基础知识·····184

第一节　《中华人民共和国土地管理法》相关知识·····184

第二节　《中华人民共和国城乡规划法》相关知识·····185

第三节　《中华人民共和国建筑法》相关知识·····186

第四节　《中华人民共和国劳动合同法》相关知识·····188

第五节　《中华人民共和国安全生产法》相关知识·····189

第六节　《中华人民共和国产品质量法》相关知识·····191

第七节　《中华人民共和国劳动法》相关知识·····192

第八节　《中华人民共和国环境保护法》相关知识·····194

第九节　《中华人民共和国消防法》相关知识·····195

第十节　《建设工程质量管理条例》相关知识·····196

第十一节　《特种设备安全监督检查办法》相关知识·····197

参考文献·····200

第一章 职业道德基本知识和职业守则

乡村建设工匠是乡村建设的主力军，全面提高工匠们的整体素质对乡村振兴发挥着至关重要的作用。在乡村建筑工程施工中，培养工匠职业道德不仅是为了保证施工质量和安全，更是为了推动乡村建设行业的可持续发展。具体来说，乡村建筑工匠职业道德的重要性和意义体现在以下几个方面：1. 提高工程质量。通过发扬工匠精神，建筑工程施工中的每个环节都能够得到严格把控，从而提高了工程质量。2. 保证施工安全。在建筑工程施工中，提高工匠们的安全意识，从而保证施工安全。3. 提高竞争力。随着建筑市场的竞争越来越激烈，建筑工程施工企业需要通过发扬工匠精神来提高自身的竞争力。只有通过不断提高自身的技能水平和实践能力，才能够在激烈的市场竞争中立于不败之地。

第一节 职业道德基本知识

（一）职业道德的内涵

职业道德是从业者在职业活动中应该遵循的符合自身职业特点的职业行为规范，是人们通过学习与实践养成的优良的职业品质，它涉及从业人员与服务对象、职业与职工、职业与职业之间的关系。职业道德行为规范是根据职业特点确定的，它是指导和评价人们职业行为善恶的准则。每一个从业者既有共同遵守的职业道德基本规范，又有自身行业特征的职业道德规范。职业道德品质是通过知识学习和社会实践，在社会和职业环境的影响下逐渐养成的，它是将从业者向善发展的职业道德意识、意志、情感、理想、信念、观念（即精神）固化的结果。这种优良的职业道德品质通过从业者的职业活动以正确评价指导自身或他人的职业行为，协调人与人之间、职业与职业之间的关系，使之和谐健康发展。

对于乡村建设工匠来讲，职业道德的内涵主要体现在以下几个方面：一是遵纪守法意识，乡村建设工匠必须自觉遵守国家的法律法规，执行相关规范和标准，自觉抵制不良的违法违规行为，起到遵纪守法的模范作用。二是诚实守信意识，乡村建设工匠要加强职业道德与修养，诚信经营。三是责任意识，乡村建设工匠要严格按照村庄规划、住房设计图、施工技术标准和操作规程施工，确保施工质量和安全。四是以人为本意识。乡村建设工匠应本着为广大农民朋友服务的思想，多为业主的利益着想，不能只顾自身利益而欺骗业主去多花不必要的费用。

（二）职业道德的特征

乡村建设工匠职业道德主要有以下五个方面的特征。

一是职业性。乡村建设工匠是在乡村建设中，使用小型工具、机具及设备，进行农村房屋、农村公共基础设施、农村人居环境整治等小型工程修建、改造的人员。职业道德必须通过工匠在职业活动中体现，有职业活动，就会有职业道德。乡村建设职业道德的内容与职业实践活动紧密相连，反映着特定职业活动对工匠行为的道德要求。

二是普遍性。普遍性是对全部从业人员提出的要求，从事乡村建设职业的人群众多，范围广大，这就决定了职业道德必然带有普遍性。职业道德有其从业者必须共同遵守的基本行为规范。无论在职业中扮演什么角色，在职业活动中都应讲职业道德。

三是自律性。即职业道德具有自我约束、控制的特征。乡村建设工匠在职业生涯中，随时都受到所从事职业领域的职业道德舆论的影响，创造良好的职业道德社会氛围、行业风气、职业环境，并通过职业道德舆论的宣传、监督，可以有效地促进工匠自觉遵守职业道德，实现互相监督。

四是鲜明的行业性。职业道德是与社会职业分工紧密联系的，各行各业都有适合自身行业特点的职业道德规范，同时职业道德往往都是与职业的行业特点结合在一起的，乡村建设工匠以注重建筑质量和效益为其主要职业道德行为规范，因而具有明显的行业特征。

五是继承性和相对稳定性。职业道德反映职业关系时往往与社会风俗、民族传统文化相联系，许多职业道德跨越了国界和历史时代作为人类职业精神文明文化被传承了下来，如"诚信""敬业乐业""互助与协作""公平""勤俭节约"等，这就是它的继承性。职业具有不断更新发展和世代持续的特征，有必要继承性。职业是随着社会的发展而变迁的，因此职业道德也会出现改变，同一职业在不同的时代表现出不同的职业道德特点。

第二节　职业守则

（一）质量至上、安全第一

讲究质量、注重信誉是社会主义职业道德最重要的规范之一。质量是产品、建设工程、服务行业的生命，也是信誉的先决条件，是我国社会主义市场经济与世界经济接轨之后企业立于不败之地的决定因素。

1. 讲究质量、注重信誉的重要意义

1）质量是文明与进步的重要标志

百年大计，质量第一。这是从事社会主义经济建设的一句口号，也是每个从业人员必须遵守的职业道德重要准则。

2）注重质量才能赢得信誉

在经济建设中，除了注重产品质量、工程质量以外，还必须高度重视服务质量，以优质服务来赢得企业的信誉。树立"顾客至上，服务第一"的思想，千方百计满足顾客的物质和服务过程的心理需要，以赢得顾客的信赖，提高服务行业的信誉，吸引更多的顾客，从而通过服务质量的提高实现企业的发展。例如，一个乡村建筑工匠，信誉就是他的生命，而信誉来源于高质量的服务，乡村建筑工匠主要服务项目就是为业主建造整洁、卫生、安全、可靠的建筑物，最大限度地满足业主的正常需求，只有这样，工匠的信誉才会好。所以说，以质量赢得信誉，是最根本的经营之道。

3）以质量求生存、求发展

我国正步入世界经济的大环境，市场竞争异常激烈，优胜劣汰、适者生存已是大趋势。产品质量、工程质量、服务质量的高低优劣与竞争能力的大小成正比，质量高的竞争力就强，信誉就好，就会形成品牌，吸引顾客的能力越强，就越有希望在竞争中取胜。反之，就没有竞争力，就会被无情地淘汰。

2. 农房建设质量安全事故案例剖析

2022年4月29日12时24分，湖南省长沙市望城区金山桥街道金坪社区盘树湾组发生一起特别重大居民自建房倒塌事故（图1-1），造成54人死亡、9人受伤，直接经济损失9077.86万元。日前，国务院常务会议审议通过了湖南长沙"4·29"特别重大居民自建房倒塌事故调查报告。经国务院事故调查组调查认定，湖南长沙

"4·29"特别重大居民自建房倒塌事故是一起因房主违法违规建设、加层扩建和用于出租经营，地方党委政府及其有关部门组织开展违法建筑整治、风险隐患排查治理不认真不负责，有的甚至推卸责任、放任不管，造成重大安全隐患长期未得到整治而导致的特别重大生产安全责任事故。

图 1-1　长沙"4·29"自建房倒塌事故

事故调查组通过对事故现场进行勘查、取样、实测，并委托第三方权威检测机构进行检测试验、倒塌模拟计算分析，认定了事故的原因，主要有以下四个方面：

一是违法违规建设的原五层房屋质量先天不足。2003 年，房主在分得的安置重建地上建设了一栋三层房屋。随着邻近学校消费需求增大，2012 年 7 月在未履行任何审批手续的情况下，房主请建筑公司退休工人手绘设计图、雇佣无资质的流动施工队施工，原址拆除三层并重建五层（局部六层），作为自住和出租经营，所用混凝土和砌筑砂浆抗压强度远低于国家标准，建筑质量差、结构不合理、承载能力低。

二是违法违规加层扩建至八层后超出极限承载力。2018 年 7 月，涉事房主再次违法违规加层扩建至八层（局部九层），加建的三层采用现浇钢筋混凝土框架结构，房屋总荷载比之前增加 46%，加剧了"头重脚轻"的状态。

三是对重大安全隐患未有效处理。随着时间推移，自建房混凝土柱等构件受压破坏并持续发展，2019 年 7 月、2022 年 3 月房屋相继出现网状裂缝、支顶槽钢变形等重大隐患，房主均未采取有效处理措施，直至事故发生。

四是未采取紧急避险疏散措施。事发前 2 个多小时，在出现明显倒塌征兆的情况下，房主拒不听从劝告，未通知自建房内的餐饮、住宿、私人影院等场所人员紧急避险疏散，是导致人员伤亡多的重要原因。

3. 安全第一

1）安全文明生产是职业道德的重要规范

安全文明的生产制度是劳动者必须遵守的法律法规、规章制度。按照职业安全卫生法律制度的规定从事劳动和服务，其目的是保护国家财产和广大人民群众的生命财产（特别是劳动者自身）不受损害。职业安全和职业卫生是所有企业在生产过程中追求的重要目标，它直接关系到企业的信誉。对一家企业来说，维护和提高信誉靠的就是提高产品质量、周到的售后服务和安全文明生产制度的落实。安全文明生产的目标需要全体劳动者共同努力，只有劳动者认真遵守纪律和法律的规定，严格按照安全操作规程和有关职业卫生的法律法规、规章制度来从事劳动服务活动，才能实现。因此，把安全文明生产作为对从业人员的基本职业道德行为规范来要求，很有必要。

2）安全文明生产职业道德基本规范的重要性

安全文明生产职业道德基本规范的重要性主要表现在：一是可以提高从业人员安全生产和服务的意识。二是可以提高从业人员职业安全卫生的自律意识。三是可以提高从业人员保护国家和人民生命财产安全的意识。四是可以提高从业人员的自我保护意识。五是可以提高管理者安全卫生的管理意识。

3）安全文明生产形势严峻、任重道远

进入 21 世纪以来，我国建筑行业频频发生的重特大事故造成了人民群众生命财产的严重损失。例如：

2021 年 7 月 16 日，福建省永安市大湖镇冲一村一处村民自用的单层建筑在屋面水泥混凝土浇筑作业停歇时，屋面发生部分坍塌（图1-2），造成 8 人死亡、2 人受伤。事故的直接原因为模板支撑及其连接强度不足，引起支撑系统变形失稳，导致屋面局部发生坍塌。间接原因包括建设、施工单位违法组织施工，设计院存在设计违规行为等。

2023 年 7 月 23 日，齐齐哈尔市第三十四中学校体育馆发生一起屋顶坍塌事故（图1-3），导致 11 名师生失去了宝贵生命，该体育馆建筑面积 1200m^2，建筑高度 13.8m，屋顶网架结构整体坍塌，经查，与体育馆毗邻的教学综合楼施工过程中，施工单位违规将保温建筑材料珍珠岩堆置体育馆屋顶。受降雨影响，珍珠岩浸水增重，导致屋顶荷载增大、引发坍塌。

图 1-2　福建永安农房坍塌事故

图 1-3　齐齐哈尔坍塌事故

以上这些典型的违法、违规、违纪、违反职业道德的不文明、不安全的生产事故，充分说明对乡村建筑工匠进行文明生产、安全生产的法律和职业道德教育是多么重要。

不文明、不安全职业事故归纳起来有以下特点：一是绝大多数事故属于责任事故，主要是违章指挥、作业，疏于管理，监督不力造成的。二是农民工和其他外来工成为伤亡事故的主体，约占伤亡事故总数的80%以上。这一群体普遍缺乏安全知识和自我保护意识，是事故最大的受害者，而他们中的某些人又往往是事故的直接责任者。三是违法违规，违反职业文明、安全生产的职业道德，甚至从事非法的食品加工、采矿、偷油偷气等生产活动。

面对这种情况，国家采取果断措施，于2021年6月10日通过了最新的《中华人民共和国安全生产法》等法律法规。因此乡村建设工匠从业人员一定要牢固树立"安全第一，预防为主"的职业道德自觉意识，提高"我要安全和我会安全"的职业道德觉悟，从而形成一种遵守法纪，注重职业安全、文明生产的高素质职业道德品质。

4）农村自建房安全生产常识

农村自建房安全生产常识总则如图1-4所示。

图1-4 农村自建房安全常识总则

（二）爱岗敬业、忠于职守

社会主义职业道德基本行为规范，全面简明地概括了各行业的职业道德行为规范的共同特点，是各种职业的从业人员都应该共同遵守的职业行为准则。

1. 爱岗敬业、忠于职守是坚持为人民服务宗旨的基本要求

在我国，一切职业从业人员的根本宗旨都是为人民服务。为人民服务的精神应该体现在自己从事的本职工作中，体现在遵守爱岗敬业、忠于职守的职业道德行为规范上。爱岗敬业就是要热爱本职工作，在工作中兢兢业业、忠于职守、持之以恒地完成工作任务，认真负责地履行全部岗位职责。在社会主义市场经济中，每个人无论在哪个工作岗位，都是通过自己的工作来为社会创造物质和精神财富的，因此，做

好本职工作，就成为对每个人的职业道德行为的基本要求。一个人如果不爱自己的工作，工作中敷衍塞责，甚至玩忽职守，就谈不上遵守职业道德，更谈不上为社会做贡献。

2. 忠于职守是履行岗位职责的最高表现形式

忠于职守是对每个从业人员提出的认真履行职业责任、遵守职业纪律的基本要求。忠于职守也是一种职业态度，它要求每一个从业者勤勤恳恳地工作，对工作一丝不苟，不得有失职行为，并持之以恒，尽职尽责，甚至不惜牺牲自己的一切。

3. 爱岗敬业、忠于职守精神的培养

爱岗和敬业两者是统一的，只有爱岗才能敬业，敬业又会促进爱岗。对一种工作的热爱，主要是对它有兴趣。兴趣是最好的老师，而兴趣是可以培养的。要做到对岗位的热爱，首先要培养自己对职业岗位的兴趣。

要做到爱岗敬业、忠于职守，必须培养不怕吃苦、不怕吃亏的精神。在现实生活中，有的职业工作条件好、报酬高，但是，不是人人都能从事这样的职业。在物质条件不是很丰富，城镇就业岗位相对不足的情况下，还有许多苦、脏、累、险、难的工作岗位需要有人做，如矿山井下作业，荒漠中开采石油，城市中的保洁，疏通下水道，边疆、海岛的安全保卫等。这些工作，又苦又累又危险，收入也不高，但都要有人来干。

（三）遵章守纪、团结互助

1. 建设行业主要法律法规

建设行业主要法律有《中华人民共和国建筑法》《中华人民共和国民法典》《中华人民共和国招标投标法》《中华人民共和国土地管理法》《中华人民共和国城市规划法》《中华人民共和国城市房地产管理法》《中华人民共和国环境保护法》《中华人民共和国环境影响评价法》。

建设工程法律体系按法律形式的区分主要包括行政法规和部门规章，其中行政法规为国务院制定，总理签署，文件名称以"条例"字样结尾。建筑行业行政法规有：《建设工程质量管理条例》《建设工程安全生产管理条例》《建设工程勘察设计管理条例》《中华人民共和国土地管理法实施条例》。

部门规章主要有《工程监理企业资质管理规定》《中华人民共和国注册监理工程师管理规定》《建设工程监理范围和规模标准规定》《建筑工程设计招标投标管理办法》《房屋建筑和市政基础设施工程施工招标投标管理办法》《评标委员会和评标方法

暂行规定》《建筑工程施工发包与承包计价管理办法》《建筑工程施工许可管理办法》《实施工程建设强制性标准监督规定》《房屋建筑工程质量保修办法》《房屋建筑工程和市政基础设施工程竣工验收备案管理暂行办法》《建设工程施工现场管理规定》《建筑安全生产监督管理规定》《工程建设重大事故报告和调查程序规定》《城市建设档案管理规定》。

2. 遵守法纪

遵守法纪，也叫遵纪守法。遵纪，就是在职业行为中遵守纪律。纪律包括劳动纪律、规章制度、准则、工作职责（岗位职责）、公约、守则、条例以及特种行业的安全生产操作规定、规程等。守法，就是遵守国家颁布的各种法律法规和管理条例。遵守《中华人民共和国宪法》和法律法规以及职业纪律，是每个从业人员最起码的职业道德。违法者就谈不上有职业道德。我国社会主义法律法规的实施，一要靠国家强制力作保证，二要靠人民群众自觉遵守。这两者结合起来，才能有效地保证社会主义法律法规的贯彻实施。

3. 团结协作、互帮互助

团结协作、互帮互助是职业行为中应该遵守的基本职业道德。团结、和睦、友好是中华民族悠久历史文化的结晶，是我国的优良传统。早在春秋战国时期，孔子的弟子就提出"和为贵"。"和"就是指团结、和睦，这是最珍贵的。"人心齐，泰山移""众人齐心，黄土变金"，这样的雅言俗语都揭示了团结的巨大作用。

（四）严谨务实、诚实守信

诚实守信有两层意思：其一，诚实，就是说老实话，办老实事，做老实人；其二，守信，即守信用，言必行，行必果，言行统一。最根本的一点就是说话办事实事求是，光明磊落，忠诚老实，为人正直。诚实，是指真实诚恳的内心态度，主要指个体的内心态度和内在品质，体现的是自我道德修养。守信，发生在人与人的关系和人与单位的社会关系当中，涉及人自身外在的言行，涉及人与人之间的作用和影响。信守诺言、信守主张、信守理想信念、信守契约都会对自身以外的人和单位产生良好影响。

诚实守信不仅是中华民族的传统美德，而且是公民道德和职业道德的基本规范，在社会主义精神文明建设中处于核心地位。诚实守信是社会主义核心价值观的重要内容之一。诚实守信，是人的立身之基，是和谐社会建设的重要条件，是社会主义经济建设的核心竞争力，是民主政治建设的基础，是政府公信力的前提和根本，是法治建设的根基。

（五）钻研技术、勇于创新

钻研技术、勇于创新，这是从业人员基本职业道德在业务技术水平方面的重要表现，也是从业人员基本职业道德规范的一项重要要求。不懂业务，不具备过硬的专业技术技能，即使有完成好工作任务的良好愿望，也是不可能实现的。宋庆龄曾经说过："不管你预备走哪条路，顶顶要紧的是先要为自己做好准备，你不能赤手空拳地开始你的行程，必须用知识把自己武装起来"。从业人员所要掌握的知识与技能，主要是业务知识和技术技能。要求从业人员对业务知识应努力精通，对技术技能力求达到精湛。

1. 能工巧匠与钻研精神

钻研技术、勇于创新是大国工匠精神的具体体现。工匠精神体现了一个普通劳动者对职业的热爱和执着追求，在工作中一丝不苟、耐心专注、严谨求实、精益求精，一生追求极致、至善至美。这就是劳动者不断完善职业能力和技术技能的道德体现。

建设工匠精神是传统的匠人精神，是一种文化，一种精神层面的追求，体现着中国建设工匠专注与坚守的气质，体现着现代建筑人与时俱进、追求完美的品德。鲁班是建筑行业传统文化的代表，建筑行业的工匠精神可理解为鲁班文化。宣传鲁班文化，其核心就是要更好地弘扬工匠精神，以鲁班作为一种象征，以建筑行业文化建设为契机，推动建筑行业在新常态转型升级。通过潜移默化的文化建设，使中国建造走向世界，使中国成为名副其实的建筑强国。

2. 乡村建设工匠需要创新精神

党的二十大报告指出要全面推进乡村振兴。乡村振兴关键在于推动乡村人才振兴。教育部等八部门联合印发的《关于推进乡村工匠培育工作的指导意见》提出，要在"十四五"期间基本建成乡村工匠培育、支持、评价、管理的培育体系和队伍。乡村建设工匠需要具备一定的创新精神，能够结合当地实际情况，提出适合乡村建设的方案和设计。他们需要关注乡村建设的新技术、新材料、新工艺，不断推动乡村建设的发展。

乡村建设工匠需要掌握一定的建筑、土木、水利等基本知识，具备施工、测量、预算等技能。他们需要熟练使用各种建筑工具和设备，具备处理农村基础设施建设中各种技术问题的能力。乡村建设工匠需要在实际工作中积累丰富的经验，掌握乡村建设的特点和规律。他们需要了解农村居民的需求，善于总结经验，不断提高自己的技能水平。

第二章 识图基础知识

第一节 建筑识图基本知识

建筑工程施工图是以国家建筑制图标准为依据，用以指导施工的一套图样，按内容和作用不同，可分为建筑施工图、结构施工图和设备施工图。

（一）建筑施工图识读

1. 建筑总平面图识读

1）建筑总平面图

将新建工程四周一定范围内的新建、拟建、原有和需拆除的建筑物、构筑物及其周围的地形、地物，用直接正投影法和相应的图例画出的图样，即建筑总平面布置图，简称总平面图。总平面图表达建筑总体布局与其周围环境的关系，是新建筑定位、放线及布置施工现场的依据。

2）总平面图中常用的图例（表2-1）

表2-1 总平面图中常用的图例

序号	名称	图例	说明
1	新建的建筑物		① 上图为不画出入口图例，下图为画出入口图例。 ② 需要时可在图形内右上角以点数或数字（高层用数字）表示层数。 ③ 用粗实线绘制
2	原有的建筑		① 应注明拟利用者。 ② 用细实线绘制
3	计划扩建的预留地或建筑物		用中虚线绘制
4	拆除的建筑物	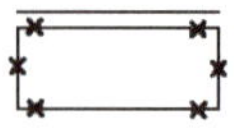	用细实线绘制

续表

序号	名称	图例	说明
5	新建的地下建筑物或构筑物		用粗虚线绘制
6	围墙及大门	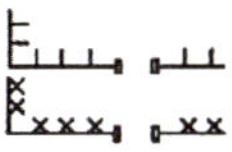	① 上图为砖石、混凝土或金属材料的围墙。 ② 下图为镀锌钢丝网、篱笆等围墙。 ③ 如仅表示围墙时，不画大门
7	坐标	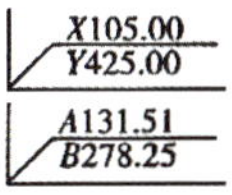 X105.00 Y425.00 / A131.51 B278.25	上图表示测量坐标，下图表示施工坐标
8	填挖边坡	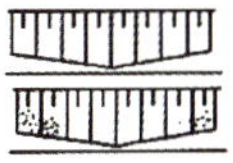	边坡较长时，可在一端或两端局部表示
	护坡		
9	室内标高	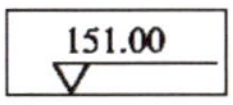 151.00	
10	室外标高	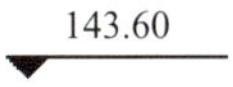 143.60	
11	原有道路		
12	计划扩建的道路		
13	人行道		
14	雨水井		
	消火栓井		
15	草地	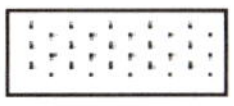	
16	针叶乔木		

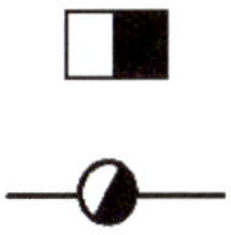

3）总平面图的识图方法

现以某村镇农宅区中的总平面图为例，说明总平面图的识读方法。从图 2-1 中可知，新建的村镇住宅楼用粗实线画出，图形右上角的五个黑点表示该住宅楼为 5 层，总长和总宽分别为 21.24m 和 10.74m。该住宅楼坐北朝南，位于生活区的东边，其南墙面和西墙面与原有住宅的距离分别为 9m 和 6m，可据此对房屋进行定位。室外地面和室内地面的绝对标高分别为 13.50m 和 13.80m，室内外高差为 0.3m。根据右上角风向频率玫瑰图，该全年最大主导风向为北风。

011

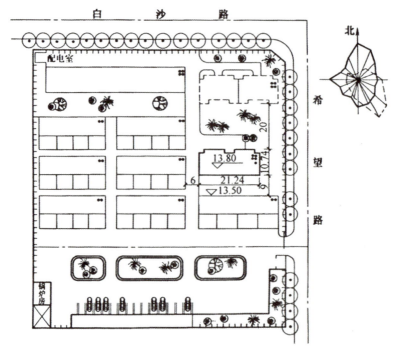

图 2-1　某村镇农宅区的总平面图

2. 建筑平面图识读

1）建筑平面图

用一个假想的水平剖切平面沿略高于窗台的部位剖切房屋,移去剖切平面及其房屋上面部分,将剩余部分向水平面做正投影,所得到的水平投影图称为建筑平面图,简称平面图（图 2-2）。多层建筑的平面图一般由底层平面图、标准层平面图、顶层平面图和屋顶平面图组成。

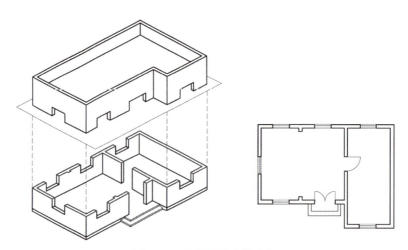

图 2-2　平面图的形成过程

底层平面图，又称首层平面图或一层平面图，主要表达建筑物底层的形状、大小，房间平面的布置情况及名称，入口、走道、门窗、楼梯等的平面位置、数量以及墙或柱的平面形状等。除此之外，还反映了房屋的朝向（用指北针表示）、室外台阶、散水、花坛等的布置，并应注明建筑剖面图的剖切符号等。

若中间各层平面组合、结构布置、构造等完全相同，只画一张具有代表性的平面图，即标准层平面图。

将建筑通过其顶层门窗洞口水平剖开，剖切面以上到屋面部分，直接正投影投射到水平面，即屋顶平面图。

2）建筑平面图识读示例

图2-3为某乡村住宅楼平面图。由图可知，该图为一层平面图，比例为1:100。该住宅楼平面基本形状为矩形，外墙总长11400mm，总宽8700mm。横向轴线从①~⑥分为上、下开间各3个。竖向轴线从Ⓐ~Ⓕ分为左、右各3个进深，如Ⓑ~Ⓒ轴为客厅进深4200mm，Ⓓ~Ⓕ轴为老人卧室进深3600mm。

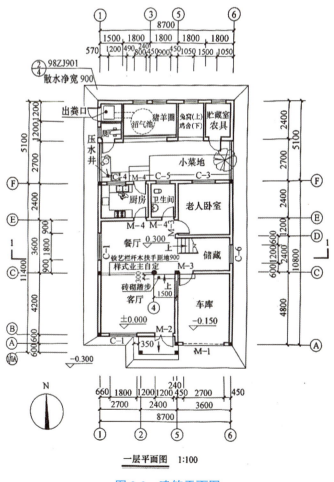

图2-3 建筑平面图

3. 建筑立面图识读

对建筑各个侧面投射至基本投影面形成的正投影图,称为建筑立面图,简称立面图。立面图主要表达房屋的外部造型、装饰,如门窗位置及形式、外墙面的装饰材料及做法、阳台、雨篷等。

1)立面图的图名

按房屋的朝向命名,如南立面图、东立面图、西立面图等。

按平面图中首尾轴线编号命名,如①～⑩轴立面图、Ⓐ～Ⓓ轴立面图等。

按照房屋立面的主次命名,如正立面图、背立面图、左侧立面图等。

2)尺寸标注

外面三道尺寸的标注即高度方向的总尺寸、定位尺寸(两层楼之间的楼地面垂直距离为层高)、细部尺寸(楼地面、阳台、檐口、女儿墙、台阶、平台等部位)三道尺寸。

3)标高标注

立面图须标注楼地面、阳台、檐口、女儿墙、台阶、平台等部位的标高。上顶面标高应当标注建筑屋面标高,下底面标高应当标注室内即室外地坪。

4)建筑立面图识图示例

图2-4为某乡村住宅楼的立面图。由图可知,该图表示房屋①～⑥轴立面图,该房屋主要入口在建筑物中部,出入口设有前廊带雨篷。从文字说明可知,外墙面为贴红褐色外墙面砖,上部为白色及米黄色外墙涂料。

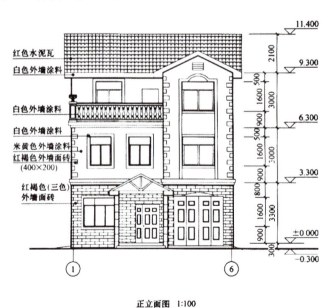

图 2-4 建筑立面图

4. 建筑剖面图识读

1）建筑剖面图的形成及作用

假想用一个或几个垂直于外墙轴线的铅垂剖切平面将房屋剖开，移去靠近观察者的部分，对剩余部分所做的正投影图，称为建筑剖面图。剖面图主要反映房屋内部垂直方向的高度、分层情况、楼地面和屋顶的构造以及各构配件在垂直方向的相互关系。

剖切的位置常取楼梯间、门窗洞口及构造比较复杂的典型部位。剖面图的名称必须与底层平面图上所标的剖切位置和剖视方向一致。

2）建筑剖面图识读示例

图 2-5 为某乡村住宅楼 1-1 剖面图。由图可知，此房屋的垂直方向承重构件是用砖砌成的，水平方向承重构件是用钢筋混凝土构成的，所以它属于混合结构形式。从图中可以看出墙体及门窗洞、梁板与墙体的连接等情况，室内外地坪、楼层、檐口顶面等处的标高及高度方向的尺寸。

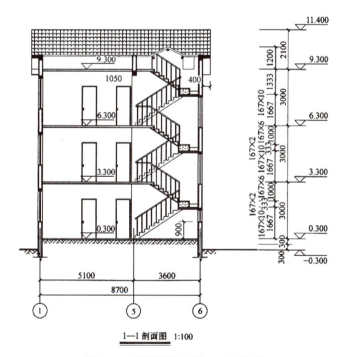

图 2-5 某乡村住宅楼 1-1 剖面图

5. 建筑详图识读

1）建筑详图的形成及作用

为表达建筑节点及构配件的形状、材料、尺寸及做法等，用较大的比例画出的图形，称为建筑详图。建筑详图可分为构造节点详图和构配件详图。

2）楼梯详图示例

楼梯详图主要反映楼梯的类型、结构形式、各部位的尺寸及踏步、栏板等装修做法，是楼梯施工放样的主要依据。楼梯详图一般包括楼梯平面图、剖面图和节点详图。

图2-6为某乡村住宅楼楼梯平面图。由图可知，此楼梯在建筑平面图中位于横向⑤～⑥轴、纵向Ⓒ～Ⓓ轴之间。开间2400mm，进深3600mm，墙的厚度为240mm。楼梯段的宽度为1000mm，梯井的宽度为160mm。

由图2-6所示的各层平面图上的指示线可以看出，第一个梯段踏步的起步位置分别距⑤轴180mm。休息平台的宽度为1080mm。楼梯段长度尺寸为9×260＝2340mm，表示该梯段有9个踏面，每一踏面宽为260mm。

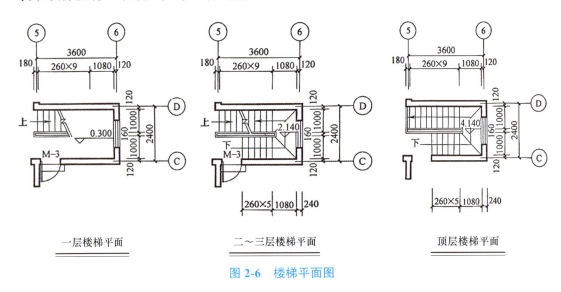

图2-6 楼梯平面图

（二）结构施工图识读

结构施工图是根据建筑中的承重构件进行结构设计后画出的图样。结构施工图主要用于放灰线、挖基槽、基础施工、支承模板、配钢筋、浇灌混凝土等施工过程，也是计算工程量、编制预算和施工进度计划的依据。

1. 结构施工图基本内容

1）结构设计说明

结构设计说明是对图纸全局性的文字说明，包括工程概况、建筑结构安全等级和设计使用年限、自然条件（主要是地质勘查资料）、设防烈度、设计依据、地基基础、结构材料和结构构造措施等。

2）结构平面布置图

结构平面布置图是表示房屋中各承重结构总体平面布置的图样，主要包括结构构件的位置、数量、型号及相互关系。常用的结构平面布置图有基础平面布置图、楼层结构平面图、屋面结构平面图、柱网平面图等。

3）构件详图

构件详图是表示单个构件形状、尺寸、材料、构造及工艺的图样，如梁、板、柱及基础的结构详图，楼梯结构详图，屋架结构详图及其他详图。

2. 结构施工图标注识读

1）常用构件代号

在结构施工图中常用规定的字母缩写的建筑构件代号来表示结构构件，见表2-2。

表 2-2　常用构件代号

序号	名称	代号	序号	名称	代号	序号	名称	代号
1	板	B	15	吊车梁	DL	29	基础	J
2	屋面板	WB	16	圈梁	QL	30	设备基础	SJ
3	空心板	KB	17	过梁	GL	31	桩	ZH
4	槽形板	CB	18	连系梁	LL	32	柱间支撑	ZC
5	折板	ZB	19	基础梁	JL	33	垂直支撑	CC
6	密肋板	MB	20	楼梯梁	TL	34	水平支撑	SC
7	楼梯板	TB	21	檩条	LT	35	梯	T
8	盖板或沟盖板	GB	22	屋架	WJ	36	雨篷	YP
9	挡雨板或檐口板	YB	23	托架	TJ	37	阳台	YT
10	吊车安全走道板	DB	24	天窗架	DJ	38	梁垫	LD
11	墙板	QB	25	框架	KJ	39	预埋件	M
12	天沟板	TGB	26	刚架	GJ	40	天窗端壁	TD
13	梁	L	27	支架	ZJ	41	钢筋网	W
14	屋面梁	WL	28	柱	Z	42	钢筋骨架	G

2）钢筋混凝土构件

钢筋混凝土构件由钢筋和混凝土两种材料组成。混凝土抗压强度比抗拉强度高很多，而钢筋不仅具有良好的抗拉强度，且与混凝土有良好的粘结力，因此常结合组成钢筋混凝土构件。如图2-7所示为两端支承在砖墙上的钢筋混凝土简支梁，将所需的纵向钢筋均匀地放置在梁的底部与混凝土浇筑在一起，梁在均布荷载作用下产生弯曲变形。梁的上部为受压区，由混凝土承受压力。梁的下部为受拉区，由钢筋承受拉力。

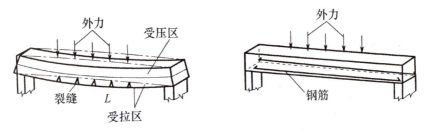

图 2-7 钢筋混凝土梁受力示意图

常见的钢筋混凝土构件有梁、板、柱、基础、楼梯等。为提高构件的抗裂性，还可制成预应力钢筋混凝土构件。

配置在钢筋混凝土构件中的钢筋，按其所用可分为：受力筋、架立筋、箍筋、分布筋、构造筋等（图 2-8）。

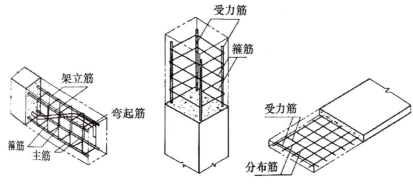

图 2-8 构件中的钢筋分类

3）钢筋的表示方法

为突出表示钢筋的配置情况，在构件的立面图和断面图上，廓线用中或细实线画出，图内不画材料图例，在立面图上用粗实线，在断面图上用黑圆点表示钢筋，并对钢筋加以说明标注。钢筋常见的表示方法见表 2-3。

表 2-3 钢筋表示方法

序号	名称	图例	说明
1	钢筋横断面	●	
2	无弯钩的钢筋端部		下图表示长短钢筋投影重叠时，可在短钢筋的端部用45°短画线表示
3	预应力钢筋横断面	+	
4	预应力钢筋或钢绞线		用粗双点画线
5	无弯钩的钢筋搭接		

续表

序号	名称	图例	说明
6	带半圆形弯钩的钢筋端部		
7	带半圆形弯钩的钢筋搭接		
8	带直弯钩的钢筋端部		
9	带直弯钩的钢筋搭接		
10	带丝扣的钢筋端部		

4）钢筋的标注方法

钢筋的标注应包括钢筋的编号、数量或间距、直径及所在位置，通常应沿钢筋的长度标注或标注在有关钢筋的引出线上（图2-9）。

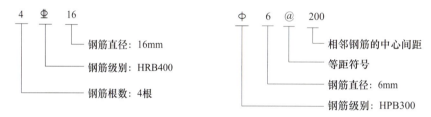

图 2-9　钢筋标注形式

3. 基础结构施工图识读

基础施工图主要反映房屋在相对标高 ±0.000 以下基础结构的情况。基础施工图一般包括基础平面图、基础详图及文字说明三部分，它是施工时放灰线、开挖基坑、砌筑基础的依据。

图 2-10 为某农房住宅楼的基础平面图，该房屋的基础为墙下条形基础。由图可知，定位轴线两侧的粗线是基础墙的断面轮廓线，粗墙线是砌基础墙、进而砌上部墙体的依据。两粗墙线外侧的细线是可见的基础底部轮廓线。在平面图上基底轮廓线是基坑的边线，它是基础施工放线、挖基坑的依据。

除定位轴线的间距尺寸外、基础平面图的尺寸标注的对象是基础各部位的定形尺寸和定位尺寸。以①轴为例，图中标注出基础底面宽度尺寸 1200mm，墙厚 240mm，左右墙线到轴线的定位尺寸均为 120mm，左右基底边线到轴线的定位尺寸均为 600mm。

图上涂黑的是钢筋混凝土构造柱（GZ），与柱相接的是基础圈梁（JQL）。

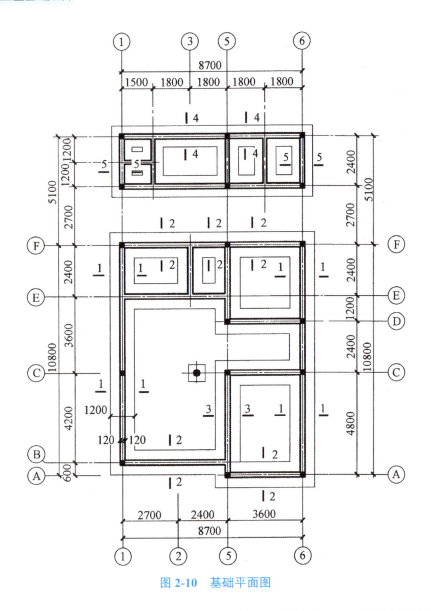

图 2-10 基础平面图

基础断面详图主要表示基础断面形状、尺寸、基底标高、基础材料及其他构造做法，如垫层、防潮层等。

图 2-11 所示的断面详图是表示墙下刚性基础的一种。它不含有钢筋混凝土材料，通常可按建施图的图示方法，用粗实线表示基础（含基础墙）的轮廓线，并在断面上画上建筑材料的图例：基础墙及大放脚为砖，垫层为素混凝土。基础底面标高为 -1.500，室外地坪标高为 -0.300，室内地坪标高为 ±0.000（标高单位均为 m）。混凝土垫层高 300mm，宽 1200mm，两侧基底边线（即基坑边线）距离轴线均为 600mm。垫层上面是两层砖砌大放脚，每层高 120mm（即两皮砖）。底层宽 600mm（两侧各 300mm），每层两侧各缩 60mm（即一皮砖）。墙厚 240mm，两墙缘距离轴线均为 120mm。

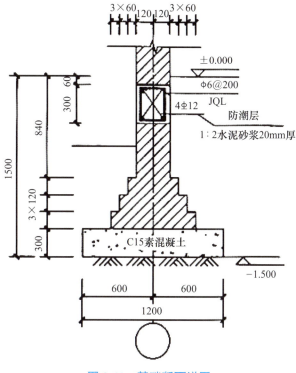

图 2-11 基础断面详图

4. 楼地面结构施工图识读

图 2-12 为某村镇农房住宅楼二层楼层结构布置平面图。从图中可以看出，该房屋为砖墙承重、钢筋混凝土梁板的砖混结构。除了卧室、厨房、卫生间、雨篷处为现浇楼盖外，其他均为预制装配式楼盖。预制楼板的画法可看①～⑥轴线之间，如①～⑤轴单元的 8YKB3651 表示 8 块预应力空心板跨度（板长）3600mm，板宽 500mm，板的荷载等级为 1 级。

图中反映了现浇板中钢筋的布置情况。在图中各类钢筋仅画一根示意，钢筋弯钩向上、向左表示底层钢筋，钢筋弯钩向下、向右表示顶层钢筋。另外图中 L1、L2、L3 等均表示为梁的布置，QL 为楼面圈梁布置。

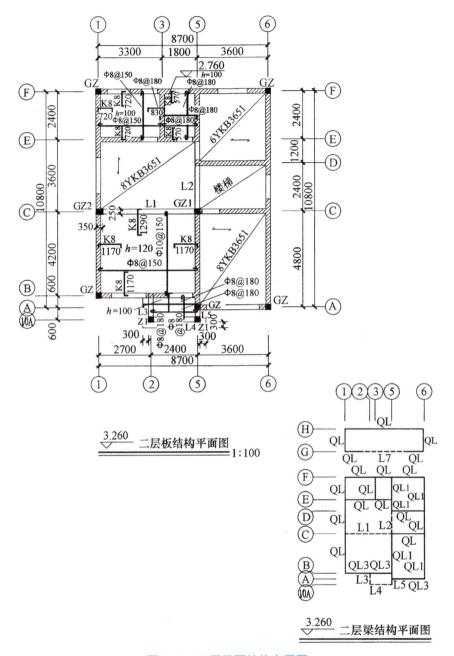

图 2-12 二层楼面结构布置图

（三）设备施工图识读

1. 室内给水排水平面施工图

室内给水排水平面施工图是表明给排水管道、管材、卫生器具、管道附件等的平面布置图、管径以及安装坡度等要求的图样（图 2-13 左图）。它主要包括室内给水排水平面图、系统轴测图和详图等。

给水排水系统图一般采用轴测图绘制，主要表示给水排水管道系统的空间走向、各管段的管径(以公称直径"DN"表示)、标高、排水管道的坡度以及各种附件在管道上的位置（图2-13右图）。

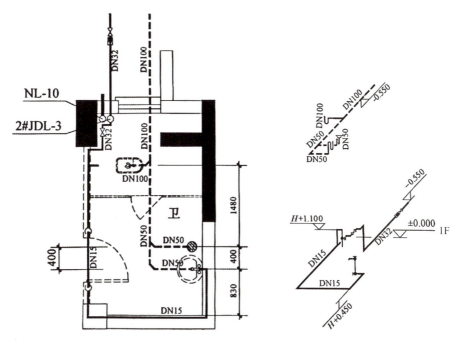

图2-13 卫生间给水排水施工图及系统施工图

1）室内给水排水系统图的数量

室内给水排水系统图的数量按给水引入管和污水排出管的数量而定，各管道系统图一般应按系统分别绘制，即每一个给水引入管或污水排出管都对应着一个系统图。每一个管道系统图的编号都应与平面图中的系统编号相一致。建筑物内垂直楼层的立管，其数量多于一个时，也用拼音字母和阿拉伯数字为管道进出口编号（图2-14a）。在管道系统图中还应用细实线画出被管道穿过的墙、柱、地面、楼面和屋面(图2-14b)。

（a）平面图　　　　　　　　（b）立面图系统图

图2-14 给水排水系统编号

2）管径的标注

管径在图纸上一般标注在以下位置：① 管径变径处。② 水平管道标注在管道的上方，斜管道标注在管道的斜上方，立管道标注在管道的左侧（图 2-15a）。③ 多根管线的管径通常用引出线进行标注（图 2-15b、c）。

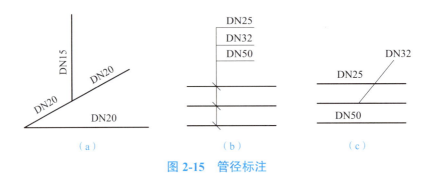

图 2-15　管径标注

室内给水排水施工图中的管道平面图和系统图相辅相依，相互补充，识读时要将这两种图纸联系起来相互对照。

2. 室内电气系统施工图识读

1）电气施工图组成

（1）图纸目录与设计说明

图纸目录与设计说明包括图纸内容、数量、工程概况、设计依据以及图中未能表达清楚的各有关事项。如供电电源的来源、供电方式、电压等级、线路敷设方式、防雷接地、设备安装高度及安装方式、工程主要技术数据、施工注意事项等。

（2）主要材料设备表

主要材料设备表包括工程中所使用的各种主要设备和材料的图例、名称、型号、规格、数量等，它是编制购置设备、材料计划的重要依据之一。

（3）电气系统图

电气系统图包括变配电工程的供配电系统图、照明工程的照明系统图、电缆电视系统图等。电气系统图反映了电气系统的基本组成、主要电气设备、元件之间的连接情况以及它们的规格、型号、参数等。电气系统图通常不表示电气设备的具体安装位置，但可以了解整个工程的供电全貌及接线关系。

（4）平面布置图

电气平面图用来表示电气设备的编号、名称、型号及安装位置、线路编号、起始点、敷设部位、敷设方式及所用导线型号、规格、根数、管径大小等。

通过阅读系统图，了解电气系统基本组成之后，就可以依据平面图编制工程预算和施工方案，具体指导施工。

（5）控制原理图

控制原理图用来表示各控制信号回路的电气控制原理，以指导电气设备的安装和控制系统的调试运行工作。

(6) 安装大样图

安装大样图是详细表示电气设备安装方法的图纸,详细地标明安装部件的各部位具体图形、详细尺寸及施工方法,是进行安装施工和编制工程材料计划时的重要参考。

2) 电气施工图的阅读方法

(1) 熟悉电气图例符号,弄清图例、符号所代表的内容。常用的电气工程图例及文字符号可参见国家颁布的电气图形符号标准。

(2) 针对一套电气施工图,一般应先按以下顺序阅读,然后对某部分内容进行重点识读。

① 看标题栏及图纸目录了解工程名称、项目内容、设计日期及图纸内容、数量等。

② 看设计说明了解工程概况、设计依据等,了解图纸中未能表达清楚的各有关事项。

③ 看主要设备材料表了解工程中所使用的设备、材料的型号、规格和数量。

④ 看系统图了解电气系统的基本组成,主要电气设备、元件之间的连接关系以及它们的规格、型号、参数等,掌握该系统的组成概况。

⑤ 看平面布置图,如照明平面图、防雷接地平面图等,了解电气设备的规格、型号、数量及线路的起始点、敷设部位、敷设方式和导线根数等。平面图的阅读可按照以下顺序进行:电源进线→总配电箱→干线→分配电箱→支线→电气设备。

⑥ 看控制原理图了解系统中电气设备的电气自动控制原理,以指导设备安装调试工作。

⑦ 看安装大样图了解电气设备的具体安装方法、安装部件的具体尺寸等。

(3) 抓住电气施工图要点进行识读。

① 在明确负荷等级的基础上,了解供电电源的来源、引入方式及路数。

② 了解电源的进户方式是由室外低压架空引入还是电缆直埋引入。

③ 明确各配电回路的相序、路径、管线敷设部位、敷设方式以及导线的型号和根数。

④ 明确电气设备、器件的平面安装位置。

(4) 结合土建施工图进行阅读。

电气施工与土建施工结合得非常紧密,施工中常常涉及各工种之间的配合问题。电气施工平面图只反映了电气设备的平面布置情况,结合土建施工图的阅读还可以了解电气设备的立体布设情况。

(5) 熟悉施工顺序,便于阅读电气施工图。如识读照明平面图时,就应首先了解室内配线的施工顺序。

① 根据电气施工图确定设备安装位置、导线敷设方式、敷设路径及导线穿墙或楼板的位置。

② 结合土建施工进行各种预埋件、线管、接线盒、保护管的预埋。

③ 装设绝缘支持物、线夹等，敷设导线。

④ 安装灯具、开关、插座及电气设备。

⑤ 进行导线绝缘测试、检查及通电试验。

⑥ 工程验收。

识读时，施工图中各图纸应协调配合阅读。

对于具体工程来说，配电系统图、平面布置图、控制原理图、安装接线图、设备材料表等图纸各自的用途不同，但相互之间是有联系并协调一致的。在识读时应根据需要，将各图纸结合起来识读。

第二节　建筑结构构造基本知识

（一）乡村住宅的构造组成及主要类型

1. 乡村住宅的构造组成

乡村住宅的构造组成一般是指基础、墙柱、楼地层、屋顶、楼梯和门窗六大部分。根据使用要求还有一些其他构件，如台阶、雨篷、散水等（图2-16）。

2. 乡村住宅的主要类型

乡村住宅主要结构形式有砖混结构、钢筋混凝土框架结构、轻钢结构和木结构等。乡村工匠应结合实际情况建造安全合理、经济适用的住宅。

1）砖混结构

砖混结构，也称砌体结构（图2-17），适合开间进深较小、房间面积小、多层或低层建筑。砖混结构能做到就地取材，因地制宜，造价低，施工操作方便快捷，因此是乡村住宅的主要结构形式。

2）钢筋混凝土框架结构

钢筋混凝土框架结构是指以钢筋混凝土柱为主要竖向承重构件，钢筋混凝土梁、板为水平承重构件的建筑（图2-18）。框架结构抗震能力强，改造灵活，结构空间大，坚固耐久，也是乡村住宅中较为常见的一种结构类型。

第二章 识图基础知识

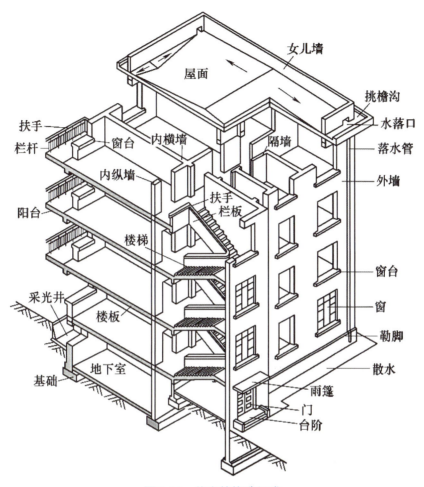

图 2-16 住宅的构造组成

图 2-17 砖混结构

图 2-18 钢筋混凝土框架结构

（二）乡村住宅的常用基础

乡村住宅的常用基础类型。

1）条形基础

当建筑物上部结构为砖墙时，基础多采用与墙体形式相同的长条形，这种基础称为条形基础（图2-19）。

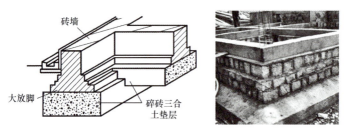

图 2-19　条形基础

墙下钢筋混凝土条形基础分为无肋式和有肋式（图2-20）。条形基础钢筋是由底板钢筋网片和基础梁钢筋骨架组成，有的基础也只配置钢筋网片。

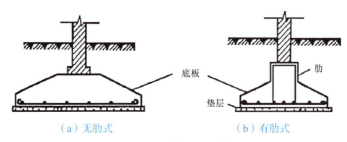

（a）无肋式　　　　　　　　（b）有肋式

图 2-20　钢筋混凝土基础

2）独立基础

当建筑物上部采用框架结构时，基础常采用方形或矩形的单独基础，这种基础称为独立基础。独立基础是柱下承重建筑基础的基本形式，根据常用的断面形式，独立基础可分为锥形基础、阶梯形基础和杯形基础（图2-21）。

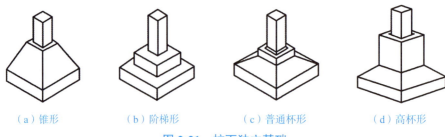

（a）锥形　　　（b）阶梯形　　　（c）普通杯形　　　（d）高杯形

图 2-21　柱下独立基础

钢筋混凝土部分由垫层和柱基组成。垫层厚70～100mm，垫层比柱基每边宽100mm。锥形基础边缘高度 h_1 不宜小于200mm（图2-22a）。当基础高度小于900mm时，柱子的插筋应伸至基础底部的钢筋网片内，并在端部做成直弯钩。当基础高度较大时，位于四角的插筋应伸入底部，其余的钢筋可只深入基础达到锚固长度即可。柱插筋长方向范围内应设置箍筋。

当独立基础为阶梯形时，每阶高度一般为300～500mm。基础高度小于350mm时用1个阶梯。基础高度大于等于350mm而小于900mm时用2个阶梯，大于等于900mm时用3个阶梯（图2-22b）。阶梯的尺寸应为整数，一般在水平及垂直方向均用50mm的倍数。

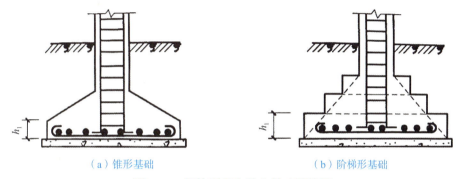

（a）锥形基础　　　　　　　　　　（b）阶梯形基础

图2-22　钢筋混凝土独立基础配筋图

以上两种基础抗弯、抗剪强度较高，耐久性和抗冻性较好，特别适用于上部结构荷载大和土质较软时，并且基底面积较大而又必须浅埋的情况。

3）井格式基础

当框架结构处于地基条件较差时，为了提高建筑物的整体性，避免各柱子之间产生不均匀沉降，常将柱下基础沿纵横方向连接起来，做成十字交叉的井格基础（图2-23）。井格式基础的整体性好，承载能力强，但造价却不高，在乡村房屋中使用越来越多。

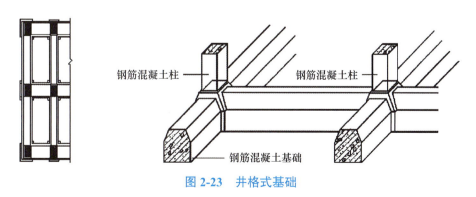

图2-23　井格式基础

(三)墙体及细部构造

1. 墙体

墙体按所处的位置不同分为外墙和内墙。沿房屋四周的墙体称为外墙,它作为建筑的围护构件,起挡风、遮雨、保温、隔热等作用。位于房屋内部的墙体称为内墙,内墙可以分隔室内空间,同时也起一定的隔声、防火等作用。

按墙体方向可将墙体分为纵墙与横墙。纵墙是指与建筑物长轴方向一致的墙。横墙是指与建筑物短轴方向一致的墙。内墙又可分为内横墙和内纵墙(图2-24)。

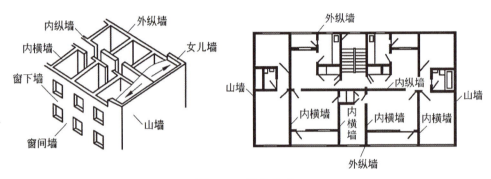

图2-24 墙体名称

按受力情况分可将墙体分为承重墙和非承重墙。直接承受由上部屋顶、楼板传来荷载的墙体称为承重墙。不承受由上部屋顶、楼板传来荷载的墙体则称为非承重墙,非承重墙包括自承重墙、填充墙、隔墙和幕墙等。

2. 砖砌墙体的细部构造

墙体作为建筑物主要的承重或围护构件,不同部位必须进行不同的处理,才可能保证其耐久和使用。墙体的细部构造包括防潮层、散水和明沟、勒脚、门窗过梁、窗台等(图2-25)。

1)散水和明沟

为保护墙基不受雨水侵蚀,常采用在建筑外墙根部周围设置散水和明沟,将建筑物上部落下的雨水排走(图2-26)。

(1)散水

散水是建筑物外墙周围设置的向外倾斜的排水坡。其作用是迅速排除从屋檐滴下的雨水,防止因积水渗入地基而造成建筑物的下沉。

散水的构造做法有砖散水、三合土散水、块石散水、混凝土散水、季节性冰冻地区散水等。散水宽度一般为600~1000mm,散水坡度一般控制为3%~5%,散水的宽度应稍大于屋檐的挑出尺寸。

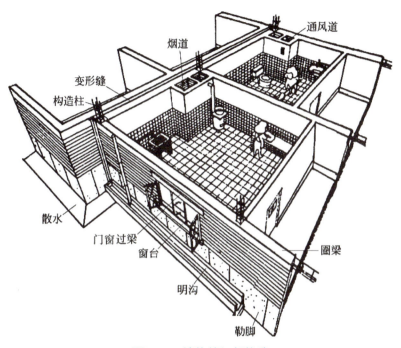

图 2-25 墙体的细部构造

(a) 散水　　　　　　　　　　　　　(b) 明沟

图 2-26 建筑外墙根部的散水和明沟

（2）明沟

明沟是在建筑物四周设置的排水沟。其作用是把屋面下落的雨水引导至排水管道，属于有组织的排水形式。明沟常采用混凝土浇筑，也可以用砖或石进行砌筑，并用水泥砂浆抹面。沟底应设置微坡，坡度为 0.5%～1%，使雨水流向雨水井。

2）勒脚

勒脚是建筑物外墙的墙脚，即建筑物外墙接近室外地面处的外表面部分。勒脚应坚固、防水、美观。勒脚的高度一般应不低于500mm。有时为了建筑立面形象的要求，可以把勒脚高度顶部提高到底层窗台处（图2-27）。

图 2-27　勒脚

3）窗台

窗台是位于窗洞口下部的建筑构件，根据窗的安装位置可形成内窗台和外窗台。外窗台的作用是防止窗洞底部积水流向室内。当室外雨水沿窗扇流淌时，为避免雨水聚积在窗下并浸入墙身，进而沿窗框向室内渗，可于窗下靠室外一侧设置泄水构件即窗台，窗台应向外形成一定的坡度，以利于排水。

4）门窗过梁

在门窗洞口两侧设置的横梁称为门窗过梁。当墙体上开设门、窗等洞口时，过梁用于承受洞口上部砌体传来的荷载，并把荷载传给洞口两侧的墙体。常见的过梁有钢筋混凝土过梁、砖拱过梁和钢筋砖过梁。

5）圈梁

圈梁是沿建筑物外墙、内纵墙和主要横墙设置的处于同一水平面内的连续封闭形结构梁。圈梁与楼板共同作用，能增强建筑的空间刚度和整体性，防止由于地基不均匀沉降、震动引起的墙体开裂。在抗震设防地区，圈梁与构造柱一起形成房屋骨架，可提高房屋的抗震能力。

6）构造柱

圈梁是在水平方向将墙体连为整体，而构造柱则是从竖向加强墙体的连接，与圈梁一起构成空间骨架（图2-28）。构造柱虽然不承重，但在砖混结构的乡村住宅中设置构造柱非常必要。构造柱一般在墙的转角或丁字墙接槎、楼梯间转角处等位置设置，贯通整个房屋高度，提高房屋的整体刚度，提高墙体抵抗变形的能力，从而强化房屋抗震性能。

图 2-28　构造柱与圈梁连接

（四）楼地面与屋顶

1. 楼地面

楼地面的主要作用是承受上部荷载并将之传递给梁、墙、柱等结构，并用以分隔建筑物内部空间。一般将二楼及以上的楼层面称为楼面（顶层平屋面除外），底层称地面，屋顶称屋面。楼地面工程一般不包含屋面工程。

楼面通常由面层、结构层（楼板层）、顶棚层三个基本部分组成，还可以根据需要设置附加层（图 2-29a）。地面主要由面层、垫层、基层组成，也可以根据实际需要设置附加层（图 2-29b）。

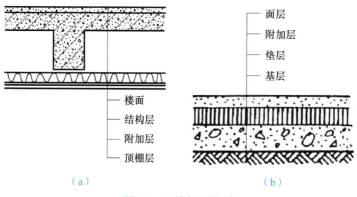

（a）　　　　　　　　　　　　（b）

图 2-29　楼板层构造

2. 楼地面的设计要求

楼板层是建筑中沿水平方向分隔上、下空间的结构构件。它除了承受并传递垂直荷载和水平荷载，还应具有一定程度的隔声、防火、防水等功能。同时，建筑物中的各种水平设备管线，也将在楼板层内安装。因此，作为楼板层，必须具备如下要求：

（1）具有足够的强度和刚度，保证安全正常使用。

（2）为避免楼层上、下空间的相互干扰，楼板层应具备一定的隔绝空气传声和撞击传声的能力。

（3）楼板应满足规范规定的防火要求，保证生命财产安全。

（4）对于有水侵袭的楼板层，应具有防潮、防水能力，避免因渗透而影响建筑物正常使用。

（5）对于有管道、线路铺设要求的楼板层，应仔细考虑各种设备管线的走向。

3. 钢筋混凝土楼板

钢筋混凝土楼板强度高、整体性好、耐久性好、防火和抗震性能强，在乡村住宅中应用最为广泛。现浇钢筋混凝土楼板主要分为板式、肋梁式、井字式、无梁式四种。

4. 楼地面防排水

1）楼地面排水

地面应保持一定的坡度，才能排除室内的积水。常用的坡度为1%～1.5%，并设置地漏，使水有组织地向地漏排出。为防止室内积水外溢，有水房间的楼面或地面标高应比其他房间或走廊低20～30mm。若有水房间楼地面标高与走廊或其他房间楼地面标高相平时，也可在门口做高出20～30mm的门槛（图2-30）。

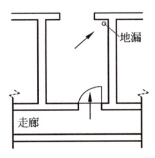

图2-30 有水房间排水示意

楼地面向地漏处找坡不小于1%，且地漏口应比楼地面完成面低2～5mm。地漏离墙根应保持一定的距离,以便于施工和防渗漏。预留的地漏孔洞位置应预先在模板上放线定位,并且固定在孔洞的定型模板上。

2)楼地面防水

对于有水房间的楼板,主要为厨房、卫生间等,宜选择现浇钢筋混凝土楼板,面层材料一般选择整体现浇水泥砂浆或贴瓷砖等防水性能较好的材料,还应在楼板和面层之间设置防水层。

为了防止四周墙脚渗水,应将防水层沿周边向上翻起至少 150mm。当遇到开门时,应将防水层向外延伸 250mm 以上(图 2-31)。

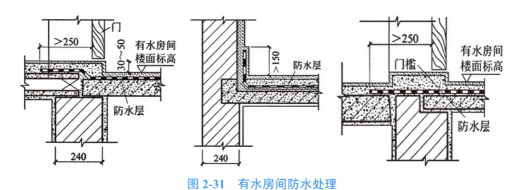

图 2-31　有水房间防水处理

5. 屋顶

屋顶主要由屋面层、承重结构、保温或隔热层和顶棚四部分组成。由于支撑结构形式及建筑平面的不同,屋顶的外形也有不同,常见的有平屋顶、坡屋顶和曲面屋顶等。

1)屋面排水

屋面的排水方式。

① 无组织排水。无组织排水又称自由落水。屋檐外挑墙面,雨水直接从檐口滴落至室外地面(图 2-32)。这种排水方式构造简单、造价低,不需要天沟、雨水管等导流雨水,但对外墙的坚固耐久性有较大影响,只适用于少雨地区和低层建筑。

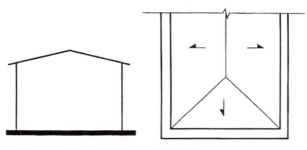

图 2-32　无组织排水

② 有组织排水。有组织排水是通过排水系统（天沟、雨水管等排水装置），将屋面汇集的雨水有组织地引导到地面或地下管沟的一种排水方式。

有组织排水构造复杂、造价高，但这种方式可以不妨碍室内空间使用。在民用建筑中，常见外排水方式有挑檐沟外排水、女儿墙外排水、女儿墙挑檐沟外排水三种方式。挑檐沟外排水见图 2-33。

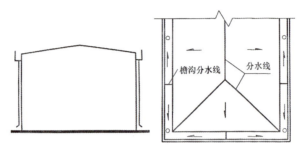

图 2-33　挑檐沟外排水

2）屋面防水

屋面防水是利用防水材料的不透水性，材料间相互搭接形成一个封闭的不透水覆盖层，并利用屋面坡度使屋面雨水等因势利导地排离屋面。

为提高屋面结构的防水性能，可以通过适当增加屋面结构配筋率、屋面采用双向配筋等方法来控制屋面板的裂缝，通过适当降低混凝土的坍落度，增强混凝土的振捣密实工作和后期养护等提高屋面结构的防水性能。

（五）楼梯及其他附属构件

1. 楼梯

楼梯一般由梯段、平台、栏杆（栏板）扶手三个部分组成（图 2-34）。

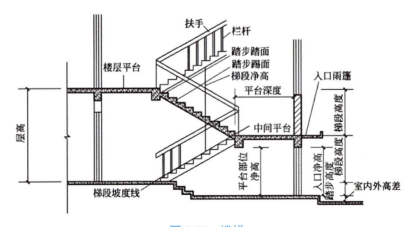

图 2-34　楼梯

钢筋混凝土楼梯具有防火性能好、坚固耐用等优点，因此在乡村住宅中得到广泛应用。根据楼梯段的传力结构形式不同，现浇钢筋混凝土楼梯分为板式和梁板式楼梯。

1）板式楼梯

板式楼梯的梯段为板式结构，其传力关系一种是荷载由梯段板传给平台梁，由梁再传到墙体（基础）上（图2-35a）。另一种是不设平台梁，将平台板和梯段板连在一起，形成折板式楼梯，荷载直接传到墙上，此时梯段板的跨度为梯段水平投影长度与平台深度之和（图2-35b）。

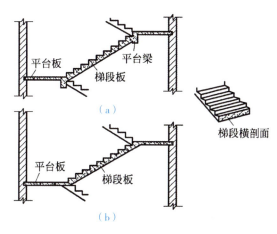

图 2-35　现浇板式楼梯示意图

板式楼梯的受力简单，底面平整，易于支模和施工。由于梯段板的厚度与梯段跨度成正比，跨度较大的梯段会使梯段厚度加大而不经济，因此，板式楼梯常用于楼梯荷载较小、梯段水平投影长度不大（通常不超过3600mm）的建筑中。

2）梁板式楼梯

梁板式楼梯由楼梯斜梁、平台梁和平台板组成。踏步板由斜梁支承，斜梁由两端的平台梁支承。踏步板的间距跨度就是梯段的宽度，平台梁的间距即为斜梁的跨度。梁板式楼梯适用于荷载较大、建筑层高较大的情况和梯段的水平投影长度大于3m的结构，楼梯斜梁一般为两根，布设在踏步的两边（图2-36）。

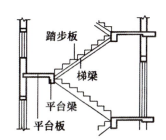

图 2-36　现浇梁板式楼梯示意图

2. 阳台

阳台按施工方法分为现浇式阳台和预制式阳台。按与外墙的相对位置关系分为凸阳台、凹阳台和半凸半凹阳台。凹阳台作为楼板层的一部分，常采用搁板式结构形式，即阳台板搁置于阳台两侧的墙上，形成搁板式（承墙式）阳台。凸阳台常采用悬挑结构形式，形成挑梁式和挑板式阳台，如图2-37所示。

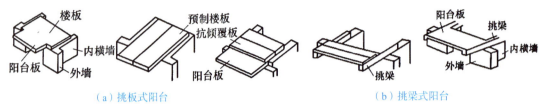

（a）挑板式阳台　　　　　　　　　　　（b）挑梁式阳台

图2-37　凸阳台的结构形式

3. 雨篷

雨篷是建筑物入口处和顶层阳台上部用以遮挡雨水、保护外门免受雨水侵蚀的水平构件。乡村建筑雨篷多为小型的钢筋混凝土悬挑构件。一般把雨篷板与入口过梁浇筑在一起，形成由过梁挑出的板，雨篷板悬挑长度一般为1～1.5m。挑出长度较大时一般做成挑梁式，即梁从楼梯间或门厅两侧墙体挑出或由室内楼盖梁直接挑出，为使底板平整，可将挑梁上翻，做成倒梁式，梁端留出泄水孔（图2-38）。

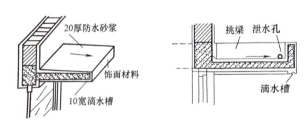

图2-38　雨篷的构造

第三章　计算知识

第一节　建筑面积计算知识

现行建筑面积的计算主要依据国家标准《建筑工程建筑面积计算规范》GB/T 50353—2013、《民用建筑通用规范》GB 55031—2022。上述规范适用于新建、扩建、改造的工业与民用建筑工程的建筑面积计算。

（一）建筑面积的概念

建筑面积是指建筑物（包括墙体）所形成的楼地面面积，即包括附属于建筑物的室外阳台、雨篷、檐廊、室外走廊、室外楼梯等面积。

建筑面积包括使用面积、辅助面积和结构面积三部分。使用面积是指建筑物各层平面布置中可直接为生产或生活使用的净面积总和。辅助面积是指建筑物各层平面布置中为辅助生产或生活服务所占的净面积总和，如楼梯间、走廊、电梯井等。结构面积是指建筑物各层平面布置中的墙体、柱、垃圾道、通风道等所占的净面积总和（不包括抹灰厚度所占的面积）。

（二）建筑面积计算规则

1. 计算建筑面积的规定

（1）建筑物的建筑面积应按每个自然层楼（地）面处外围护结构外表面所围空间的水平投影面积计算。结构层高在2.2m及以上的，应计算全面积。结构层高在2.2m以下的，应计算1/2面积。

（2）建筑物内设有局部楼层时（图3-1），对于局部楼层的二层及以上楼层，有围护结构（围合建筑空间的墙体、门、窗）的应按其围护结构外围水平面积计算，无围护结构的应按其结构底板水平面积计算。结构层高在2.2m及以上的，应计算全面积。结构层高在2.2m以下的，应计算1/2面积。

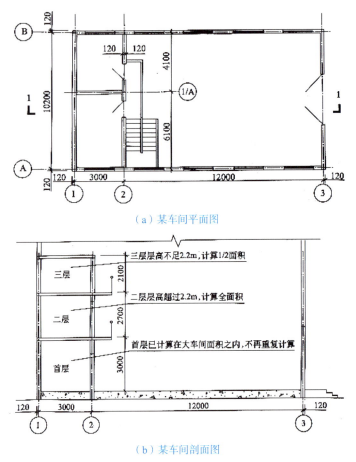

(a) 某车间平面图

(b) 某车间剖面图

图 3-1 建筑局部楼层示意图

（3）形成建筑空间的坡屋顶，结构净高在 2.1m 及以上的部位应计算全面积。结构净高在 1.2m 及以上至 2.1m 以下的部位应计算 1/2 面积。结构净高在 1.2m 以下的部位不应计算建筑面积（图 3-2）。

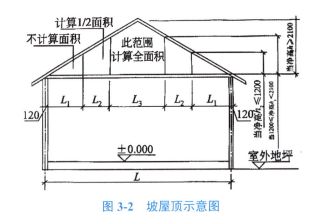

图 3-2 坡屋顶示意图

（4）地下室、半地下室应按其结构外围水平面积计算。结构层高在 2.2m 及以上的，应计算全面积。结构层高在 2.2m 以下的，应计算 1/2 面积。有顶盖的采光井应按一层计算面积，且结构净高在 2.1m 及以上的，应计算全面积。结构净高在 2.1m 以下的，应计算 1/2 面积。

（5）出入口外墙外侧坡道为顶盖的部位，应按其外墙结构外围水平面积的 1/2 计算面积。地下室出入口见图 3-3。

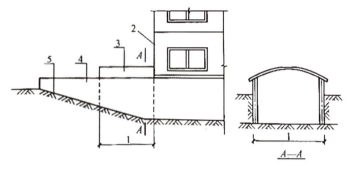

图 3-3　地下室出入口

1—计算 1/2 投影面积部位；2—主体建筑；3—出入口顶盖；4—封闭出入口侧墙；5—出入口坡道

（6）建筑物架空层及坡地建筑物吊脚架空层，应按其顶板水平投影计算建筑面积。结构层高在 2.2m 及以上的，应计算全面积。结构层高在 2.2m 以下的，应计算 1/2 面积。建筑物吊脚架空层见图 3-4。

图 3-4　吊脚架空层

1—柱；2—墙；3—吊脚架空层；4—计算建筑面积部分

（7）建筑物的门厅、大厅应按一层计算建筑面积，门厅、大厅内设置的走廊应按走廊结构底板水平投影面积计算建筑面积。结构层高在 2.2m 及以上的，应计算全面积。结构层高在 2.2m 以下的，应计算 1/2 面积。大厅、回廊见图 3-5。

（8）附属在建筑物外墙的落地橱窗应按其围护结构外围水平面积计算。结构层高在 2.2m 及以上的，应计算全面积。结构层高在 2.2m 以下的，应计算 1/2 面积。

（9）窗台与室内楼地面高差在 0.45m 以下且结构净高在 2.1m 及以上的凸（飘）窗，应按其围护结构外围水平面积计算 1/2 面积。

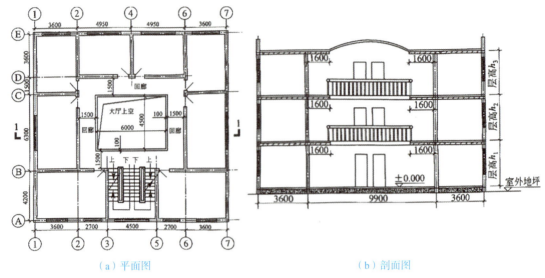

（a）平面图　　　　　　　　　　（b）剖面图

图 3-5　大厅、回廊示意图

（10）有围护设施的室外走廊（挑廊），应按其结构底板水平投影面积计算 1/2 面积。有围护设施（或柱）的檐廊（图 3-6），应按其围护设施（或柱）外围水平面积计算 1/2 面积。

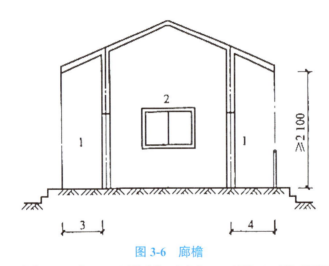

图 3-6　廊檐

1—廊檐；2—室内；3—不计算建筑面积部位；4—计算 1/2 建筑面积部位

（11）门斗应按其围护结构外围水平面积计算建筑面积（图 3-7）。结构层高在 2.2m 及以上的，应计算全面积。结构层高在 2.2m 以下的，应计算 1/2 面积。

（12）门廊应按其顶板水平投影面积的 1/2 计算建筑面积。雨篷分为有柱雨篷和无柱雨篷。有柱雨篷没有出挑宽度的限制，也不受跨越层数的限制，均应按其结构板水平投影面积的 1/2 计算建筑面积。无柱雨篷的结构板不能跨层，并受出挑宽度的限制，设计出挑宽度大于或等于 2.1m 时才计算建筑面积，并应按雨篷结构板的水平投影面积的 1/2 计算建筑面积。其中，出挑宽度是指雨篷结构外边线至外墙结构外边线的宽度，弧形或异形时，取最大宽度。

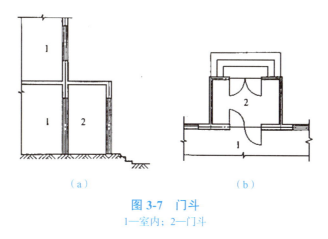

图 3-7　门斗
1—室内；2—门斗

（13）设在建筑物顶部的、有围护结构的楼梯间、水箱间、电梯机房等，结构层高在 2.2m 及以上的应计算全面积。结构层高在 2.2m 以下的，应计算 1/2 面积。

（14）建筑物的室内楼梯、电梯井、提物井、管道井、通风排气竖井、烟道，应并入建筑物的自然层计算建筑面积。有顶盖的采光井应按一层计算面积，结构净高在 2.1m 及以上的，应计算全面积。结构净高在 2.1m 以下的，应计算 1/2 面积。其中，建筑物的楼梯间层数按建筑物的层数计算。有顶盖的采光井包括建筑物中的采光井和地下室采光井。地下室采光井见图 3-8。

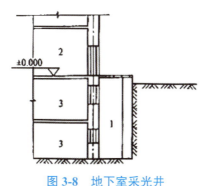

图 3-8　地下室采光井
1—采光井；2—室内；3—地下室

（15）室外楼梯应并入所依附建筑物自然层，并应按其水平投影面积的 1/2 计算建筑面积。室外楼梯作为连接该建筑物层与层之间交通不可缺少的基本部件，无论从其功能还是工程计价的要求来说，均需计算建筑面积。层数为室外楼梯所依附的楼层数，即梯段部分投影到建筑物范围的层数。利用室外楼梯下部的建筑空间不得重复计算建筑面积。利用地势砌筑的为室外踏步，不计算建筑面积。

（16）在主体结构内的阳台，应按其结构外围水平面积计算全面积。在主体结构外的阳台，应按其结构底板水平投影面积计算 1/2 面积。建筑物的阳台，无论其形式如何，均以建筑物主体结构为界分别计算建筑面积。

（17）有顶盖无围护结构的车棚、货棚、站台、加油站、收费站等，应按其顶盖水平投影面积的 1/2 计算建筑面积。

（18）建筑物的外墙外保温层，应按其保温材料的水平截面面积计算，并计入自然层建筑面积。为贯彻国家节能要求，鼓励建筑外墙采取保温措施，上述规定中将保温材料的厚度计入建筑面积。建筑外墙外保温见图 3-9。

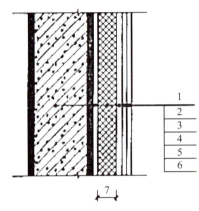

图 3-9　建筑外墙外保温

1—墙体；2—墙体；3—保温材料；4—标准网；5—加强网；6—抹面胶浆；7—计算建筑面积部位

2. 不应计算建筑面积的规定

（1）与建筑物内不相连通的建筑部件不应计算建筑面积。

（2）骑楼（图 3-10）、过街楼（图 3-11）底层的开放公共空间和建筑物通道。

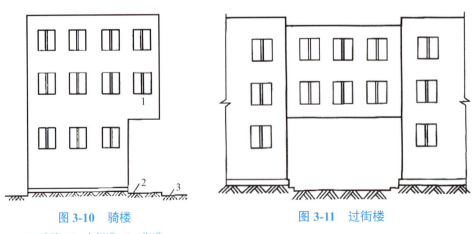

图 3-10　骑楼　　　　　　　图 3-11　过街楼

1—骑楼；2—人行道；3—街道

（3）露台、露天游泳池、花架、屋顶的水箱及装饰性结构构件。

（4）建筑物内的操作平台、上料平台、安装箱和罐体的平台不计算建筑面积。

（5）勒脚、附墙柱、垛、台阶、墙面抹灰、装饰面、镶贴块料面层、装饰性幕墙，主体结构外的空调室外机搁板（箱）、构件、配件，挑出宽度在2.1m以下的无柱雨篷和顶盖高度达到或超过两个楼层的无柱雨篷。

（6）窗台与室内地面高差在0.45m以下且结构净高在2.1m以下的凸（飘）窗，窗台与室内地面高差在0.45m及以上的凸（飘）窗。

（7）室外爬梯、室外专用消防钢楼梯。

（8）建筑物以外的地下人防通道、独立烟囱、烟道、地沟、油（水）罐、气柜、水塔、贮油（水）池、贮仓、栈桥等构筑物。

（三）建筑面积计算示例

例题3-1 某建筑物底层面积计算示意见图3-12，墙厚均为240mm，轴线坐中。计算该建筑物的底层建筑面积。

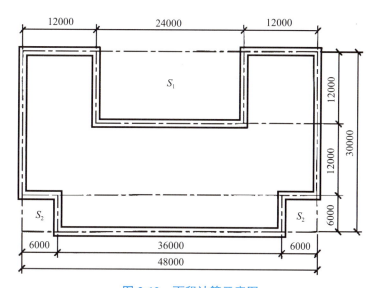

图3-12 面积计算示意图

解：（1）按规则面积计算 $S=（长度+0.24）×（宽度+0.24）=48.24×30.24=1458.78m^2$

（2）扣除面积 S_1　$S_1=23.76×12=285.12m^2$

（3）扣除面积 S_2　$S_2=6×6×2=72.00m^2$

（4）底层建筑面积 $S_底$　$S_底=1458.78-285.12-72.00=1101.66m^2$

第二节　基础土方量计算知识

（一）土方工程工程量计算规则

1. 平整场地

平整场地是指建筑物场地厚度在 ±300mm 以内的就地挖、填、运、找平，以及在一定距离内的土方运输。平整场地按设计图示尺寸以建筑物首层面积计算。

$$平整场地工程量（m^2）＝建筑物首层面积（m^2） \quad (3-1)$$

2. 挖沟槽土方

挖沟槽土方是指室外设计地坪以下底宽不大于 3m 且底长大于 3 倍底宽的沟槽的土方开挖。挖沟槽土方工程量以 m^3 为计量单位。

按设计图示尺寸以基础垫层底面积乘以挖土深度，以体积计算，即：

$$V＝基础垫层长度×基础垫层宽度×挖土深度 \quad (3-2)$$

当基础为条形基础时，外墙基础垫层长取外墙中心线长，内墙基础垫层长取内墙下垫层净长。挖土深度应按基础垫层底表面标高至交付施工场地标高的高度确定，无交付施工场地标高时，应按自然地面标高确定。

3. 挖基础土方

挖基坑土方是指室外设计地坪以下底长不大于 3 倍底宽且底面积不大于 $150m^2$ 的基坑的土方开挖。挖基坑土方工程量以 m^3 为计量单位，按设计图示尺寸以基础垫层底面积乘以挖土深度以体积计算，即：

$$V＝基础垫层长度×基础垫层宽度×挖土深度 \quad (3-3)$$

式中　基础垫层长度（m）——外墙取外墙基础垫层中心线长，内墙取内墙基础垫层净长。
　　　挖土深度（m）——按基础垫层底表面标高至交付施工场地标高确定，无
　　　　　　　　　　　交付施工场地标高时，应按自然地面标高确定。土方
　　　　　　　　　　　体积按挖掘前的天然密实体积计算。

4. 土方回填

土方回填适用于场地回填、室内回填和基础回填，并包括指定范围内的土方运

输以及借土回填的土方开挖。基础回填土是指坑槽内的回填土，回填至基础土方开挖时的标高（即交付施工场地自然标高）。室内回填土是指从开挖时的标高回填至室内垫层下表面（图 3-13）。回填方工程量以 m^3 为计量单位，按设计图示尺寸以体积计算：

$$V_{回填} = 场地回填 + 室内回填 + 基础回填 \tag{3-4}$$

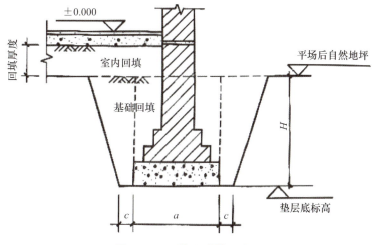

图 3-13　回填土计算示意图

1）场地回填工程量

$$S_{场地} = 回填面积 \times 平均回填厚度 \tag{3-5}$$

2）室内回填工程量

$$V_{室内} = 主墙间净面积 \times 回填厚度 \tag{3-6}$$

式中主墙是指结构厚度在 120mm 以上（不含 120mm）的各类墙体。主墙间净面积可按式（3-7）计算：

$$主墙间净面积 = 底层建筑面积 - 内外墙体所占水平平面的面积 \tag{3-7}$$

3）基础回填工程量

$$V_{基础} = 挖土体积 - 设计室外地坪以下埋设物的体积（包括基础、垫层及其他构筑物） \tag{3-8}$$

（二）土方工程工程量计算示例

例题 3-2　某建筑物首层平面图见图 3-14，土壤类别为一类土，计算该工程平整场地的工程量。

解：平整场地工程量 $= 26.64 \times 10.74 - (3.3 \times 6 - 0.24) \times 3.3 = 221.57 m^2$

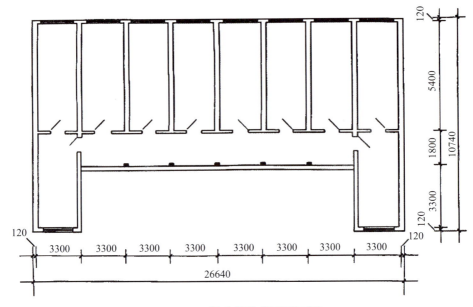

图 3-14 某建筑物首层平面图

第三节 模板、架体用量计算知识

(一)混凝土模板及支架(撑)工程量计算

现浇混凝土及预制钢筋混凝土模板工程量,除另有规定者外,应区别模板的材质,按混凝土与模板接触面的面积,以 m^2 计算。

1. 基础模板用量

现浇混凝土基础的模板工程量,按以下规定计算:

(1)现浇混凝土带形基础的模板,按其展开高度乘以基础长度,以 m^2 计算。基础与基础相交时重叠的模板面积不扣除。带形基础端头的模板也不增加。

(2)普通杯形基础和高杯形基础杯口内的模板,并入相应基础模板工程量内。

2. 柱模板用量

现浇混凝土柱模板,按柱四周展开宽度乘以柱高,以 m^2 计算。

(1)柱、梁相交时,不扣除梁头所占柱模板面积。

(2)柱、板相交时,不扣除板厚所占柱模板面积。

（3）构造柱模板，按混凝土外露宽度乘以柱高，以 m^2 计算。构造柱与砌体交错咬槎连接时，按混凝土外露面的最大宽度计算。构造柱与墙的接触面不计算模板面积。

（4）柱模板工程量计算公式：

$$现浇混凝土柱模板工程量 = 柱截面周长 \times 柱高 \qquad (3\text{-}9)$$

$$构造柱与砖墙咬口模板工程量 = 混凝土外露面的最大宽度 \times 柱高 \qquad (3\text{-}10)$$

3. 梁模板用量

现浇混凝土梁（包括基础梁）模板，按梁三面展开宽度乘以梁长，以 m^2 计算。

（1）单梁时，支座处的模板不扣除，端头处的模板不增加。

（2）梁与梁相交时，不扣除次梁梁头所占主梁模板面积。

（3）梁与板连接时，梁侧壁模板算至板下坪。

（4）梁模板工程量计算公式：

$$现浇混凝土梁模板工程量 = （梁底宽 + 梁侧高 \times 2） \times 梁长 \qquad (3\text{-}11)$$

4. 板模板用量

现浇混凝土板的模板，按混凝土与模板接触面积，以 m^2 计算。

（1）伸入梁、墙内的板头，不计算模板面积。

（2）周边带翻檐的板（如卫生间混凝土防水带等），底板的板厚部分不计算模板面积。翻檐两侧的模板，按翻檐净高度，并入板的模板工程量内计算。

（3）板与柱相交时，不扣除柱所占板的模板面积。但柱与墙相连时，柱与墙等厚部分（柱的墙内部分）的模板面积，应予扣除。

（4）现浇混凝土密肋板模板，按有梁板模板计算。斜板、折板模板，按平板模板计算。预制板板缝大于 40mm 时的模板，按平板后浇带模板计算。

5. 支模高度模板用量

（1）现浇钢筋混凝土柱、梁、板、墙的支模高度（即室外地坪至板底或下层的板面至上层的板底之间的高度）以 3.6m 以内为准，支模高度超过 3.6m 部分，另按超过部分计算增加支撑工程量。

（2）超高次数分段计算，自 3.6m 以上，第一个 3m 为超高 1 次，第二个 3m 为超高 2 次，以此类推。不足 3m 按 3m 计算。

（3）构造柱、圈梁、大钢模板墙，不计算模板支撑超高。

（4）支模高度，柱、墙：地（楼）面支撑点至构件顶坪。梁：地（楼）面支撑点至梁底。板：地（楼）面支撑点至板底坪。

（5）墙、板后浇带的模板支撑超高，并入墙、板支撑超高工程量内计算。

（6）梁、板（水平构件）模板支撑超高工程量计算公式：

$$超高次数 =（支模高度 - 3.6）\div 3（遇小数进为1） \quad (3-12)$$

$$超高工程量（m^2）= 超高构件的全部模板面积 \times 超高次数 \quad (3-13)$$

（7）柱、墙（竖直构件）模板支撑超高工程量计算公式：

$$超高工程量（m^2）= \sum（相应模板面积 \times 超高次数）\quad (3-14)$$

6. 悬挑板模板用量

悬挑板（雨篷、阳台）现浇钢筋混凝土悬挑板（雨篷、阳台）按图示外挑部分尺寸的水平投影面积计算，图3-15中挑出墙外的牛腿梁及板边模板不另计算，而未包含在投影范围内的雨篷梁，则应按相应项目单列计算，计算公式如下：

$$悬挑板（雨篷、阳台）模板工程量 = 雨篷、阳台的水平投影面积 = L \times B \quad (3-15)$$

式中　L、B——雨篷、阳台的水平投影长度、宽度。

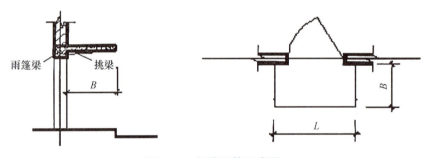

图3-15　悬挑雨篷示意图

7. 挑檐模板用量

挑檐是指屋面（楼面）挑出外墙的部分，一般挑出宽度不大于50cm。主要是为了方便做屋面排水，对外墙也起到保护作用。挑檐的支模位置有三处：挑檐板底、挑檐立板两侧。其模板工程量按混凝土与模板的接触面积计算。

8. 楼梯模板用量

楼梯工程量按楼梯（包括休息平台、平台梁、斜梁和楼层板的连接梁）的水平投影面积计算，计算单位为m²。不扣除宽度不大于500mm的楼梯井所占面积，楼梯踏步、踏步板、平台梁等侧面楼板不另计算，伸入墙内部分亦不增加（图3-16）。

其"水平投影面积"包括：休息平台、平台梁、斜梁及连接楼梯与楼板的梁。当整体楼梯与现浇楼板无梯梁连接时，以楼梯的最后一个踏步边缘加300mm为界，在此范围内的构件,不再单独计算。

楼梯模板工程量＝楼梯各层的水平投影面积之和－各层梯井所占面积(梯井宽＞500mm)

(3-16)

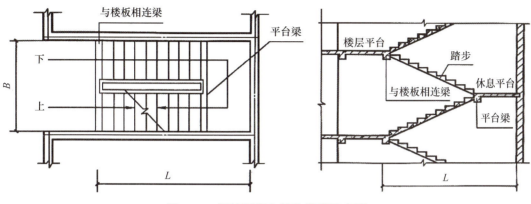

图 3-16　钢筋混凝土整体楼梯示意图

9. 台阶模板用量

混凝土台阶不包括梯带,按图示台阶尺寸的水平投影面积计算,台阶两端头两侧不另计算模板面积。但台阶与平台连接时,其分界线以最上层踏步外沿加300mm计算。

10. 预制混凝土构件模板

预制钢筋混凝土模板计算规则:预制钢筋混凝土模板工程量,除另有规定者外,均按混凝土实体体积以 m^3 计算。小型池槽按外形体积以 m^3 计算。预制桩尖按虚体积(不扣除桩尖虚体积部分)计算。

$$预制钢筋混凝土构件模板工程量 ＝ 构件实体体积 \times (1＋1.5\%) \quad (3-17)$$
$$小型池槽模板工程量 ＝ 池槽外形体积 \times (1＋1.5\%) \quad (3-18)$$

(二)混凝土模板及支架(撑)工程量计算案例

例题 3-3　某现浇框架结构房屋的二层结构平面图见图3-17,已知一层板顶标高为3.9m,二层板顶标高为7.2m,板厚为100mm,构件断面尺寸见表3-1,试对图中所示二层钢筋混凝土构件列项并计算其模板工程量。

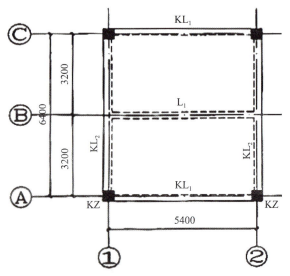

图 3-17　二层结构平面图

表 3-1　构件断面尺寸表（单位：mm）

构件名称	构件尺寸	构件名称	构件尺寸
KZ	400×400	KL_2	300×600（宽×高）
KL_1	250×550（宽×高）	L_1	250×500（宽×高）

解：模板工程量＝混凝土与模板的接触面积

1. 矩形柱

矩形柱模板工程量＝柱周长×柱高度－柱与梁交接处的面积－柱与板交接处的面积

$$= [0.4 \times 4 \times (7.2 - 3.9) \times 4] - [0.25 \times 0.45 \times 4_{(KL_1)} + 0.3 \times 0.5 \times 4_{(KL_2)}] - (0.1 \times 0.4 \times 2 \times 4)$$

$$= [21.12 - (0.45 + 0.6) - 0.32] \, m^2$$

$$= 19.75 \, m^2$$

2. 单梁

单梁模板工程量＝梁支模展开宽度×梁支模长度×根数

KL_1 模板工程量 $= [(0.25 + 0.55 + 0.55 - 0.1) \times (5.4 - 0.2 \times 2) \times 2_{(根)}] \, m^2$

$$= (1.25 \times 5.0 \times 2) \, m^2 = 12.50 \, m^2$$

KL_2 模板工程量 $= [(0.3 + 0.6 + 0.6 - 0.1) \times (6.4 - 0.2 \times 2) \times 2 - 0.25 \times (0.5 - 0.1) \times 2_{(与L_1交接处)}] \, m^2$

$$= (1.4 \times 6.0 \times 2 - 0.2) \, m^2 = 16.60 \, m^2$$

L_1 模板工程量 = [0.25 + (0.5 - 0.1) × 2]m × (5.4 - 0.1 × 2)m = (1.05 × 5.2)m²
          = 5.46m²

单梁模板工程量 = KL_1、KL_2、L_1 模板工程量之和 = (12.50 + 16.60 + 5.46)m² = 34.56m²

3. 板模板

板模板工程量 = 板长度 × 板宽度 − 柱所占面积 − 梁所占面积 = [(5.4 + 0.2 × 2) × (6.4 + 0.2 × 2)]m² − (0.4 × 0.4 × 4)m² − [0.25 × (5.4 − 0.2 × 2) × 2$_{(KL_1)}$ + 0.3 × (6.4 − 0.2 × 2) × 2$_{(KL_2)}$ + 0.25 × (5.4 − 0.1 × 2)$_{(L_1)}$]m²
= [39.44 − 0.64 − (2.5 + 3.6 + 1.3)]m² = 31.4m²

第四节 钢筋用量计算知识

（一）钢筋工程量计算基础知识

钢筋的长度计算。

视频3-1 框架梁钢筋介绍

视频3-2 柱钢筋介绍

视频3-3 板钢筋介绍

1）通长杆件长度计算

通长钢筋一般指钢筋两端不做弯钩的情况，长度计算公式为：

$$l = 构件长 - 两端混凝土保护层厚度 \quad (3-19)$$

式中：混凝土保护层厚度在无特殊情况下可按表3-2取用。

表3-2 混凝土保护层最小厚度（c 值） （单位：mm）

环境类别		板、墙、壳	梁、柱、杆
一		15	20
二	a	20	25
	b	25	35

续表

环境类别		板、墙、壳	梁、柱、杆
三	a	30	40
	b	40	50

注：1. 混凝土强度等级不大于C25时，表中保护层数值增加5mm。
　　2. 钢筋混凝土基础宜设置混凝土垫层，基础中钢筋的混凝土保护层厚度应从垫层顶面算起，且不应小于40mm。

2）有弯钩的钢筋长度计算

钢筋的弯钩形式分为半圆弯钩（180°）斜弯钩（135°或45°）和直弯钩（90°）三种形式（图3-18）。l为弯钩平直段长度。《混凝土结构工程施工质量验收规范》GB 50204—2015规定，HPB300钢筋弯折的弯弧内直径不应小于钢筋直径的2.5倍，HRB335与HRB400钢筋弯折的弯弧内直径不应小于钢筋直径的4倍。HPB300级钢筋末端需要做180°、135°、90°弯钩时，其平直部分长度l不宜小于钢筋直径的3倍。

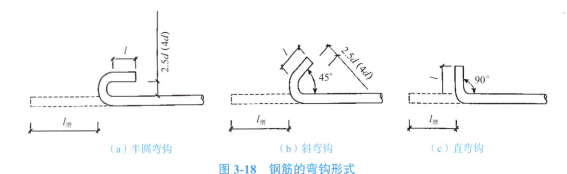

(a) 半圆弯钩　　(b) 斜弯钩　　(c) 直弯钩

图3-18　钢筋的弯钩形式

对图3-18中钢筋弯钩进行计算，弯钩的增加长度见表3-3。

表3-3　钢筋弯钩增加长度

	弯钩角度	180°	90°	135°
增加长度	HPB300	$l+3.25d$	$l+0.50d$	$l+1.90d$
	HRB335或HRB400（$d \leqslant 25mm$）	—	$l+0.93d$	$l+2.9d$
	HRB335或HRB400（$d > 25mm$）	—	$l+1.50d$	$l+4.25d$

有弯钩的钢筋长度计算公式如下：

　　有弯钩钢筋长度＝构件长－两端混凝土保护层厚度＋所有弯钩增加长度

（3-20）

3）弯起钢筋长度计算

弯起钢筋的常用弯起角度有30°、45°、60°三种，其斜长增加值是指斜长与水平投影长度之间的差值即为 ΔL（图 3-19）。

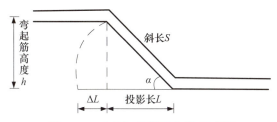

图 3-19　弯起钢筋的增加值示意图

弯起钢筋的斜长增加值（ΔL），可按弯起角度、弯起钢筋净高 h（h = 构件断面高度－两端保护层厚度）计算，其计算结果见表 3-4。

表 3-4　弯起钢筋增加长度计算表　　　　　　　　　　　　　（单位：mm）

弯起角度	S	L	$S-L$
30°	2.000h	1.732h	0.268h
45°	1.414h	1.000h	0.414h
60°	1.15h	0.577h	0.578h

对有两个弯起部分且两头都有弯钩的钢筋，其钢筋长度计算公式为：

$$\text{弯起筋长度} = \text{构件长度} - \text{两端混凝土保护层厚} + 2 \times (\text{弯起钢筋斜长增加长度} + \text{弯钩增加长度}) \quad (3-21)$$

4）钢筋的锚固长度

钢筋锚固长度指不同构件交接处彼此的钢筋应相互锚入，如柱与梁、梁与板等交接处。常用的纵向受拉钢筋抗震锚固长度（l_{aE}）的取值见表 3-5。

表 3-5　纵向受拉钢筋抗震锚固长度（l_{aE}）　　　　　　　　（单位：mm）

钢筋种类及抗震等级		混凝土强度等级					
		C20	C25		C30		C35
		$d \leq 25$	$d \leq 25$	$d > 25$	$d \leq 25$	$d > 25$	$d \leq 25$	$d > 25$
HPB300	一、二级	45d	39d	—	3d	—	32d	—
	三级	41d	36d	—	32d	—	29d	—
HRB335 HRBF335	一、二级	44d	38d	—	33d	—	31d	—
	三级	40d	35d	—	30d	—	28d	—
HRB400 HRBF400	一、二级	—	46d	51d	40d	45d	37d	40d
	三级	—	42d	46d	37d	41d	34d	37d

5）箍筋的长度计算

箍筋的长度取决于箍筋的形状与布置方式，梁常见箍筋形状有双肢箍、四肢箍，柱常见箍筋形状有矩形箍、菱形箍、井字箍和拉筋（图3-20）。箍筋长度计算时应先算出单支箍筋长度，再乘以支数，最后求得箍筋总长度，按箍筋外皮线计算。

箍筋除焊接封闭环式外，其末端均应做弯钩，弯钩形式应符合设计要求。设计无具体要求时，一般结构采用90°弯钩，抗震结构采用135°弯钩。

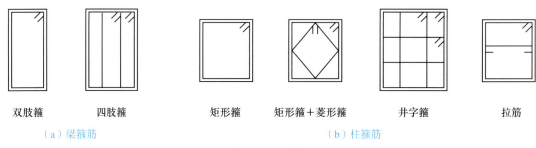

图 3-20　箍筋

（1）双肢箍、矩形箍见图3-20。

$$箍筋长度 = (B+H) \times 2 - 8c + 2 \times 1.90d + 2 \times \max(10d, 75) \quad (3-22)$$

式中　　B——构件断面宽度（mm）。

　　　　H——构件断面高度（mm）。

　　　　c——混凝土保护层厚度（mm）。

　　　　d——箍筋直径（mm）。

　　　　$1.9d$——弯钩增加长度（mm），见表3-3。

$\max(10d, 75)$——箍筋弯钩平直部分的长度（图3-21）：非抗震结构为箍筋直径的5倍，有抗震要求结构为箍筋直径的10倍，且不小于75mm，一般结构均抗震。

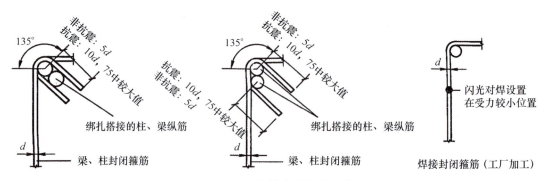

图 3-21　封闭箍筋弯钩构造示意图

（2）四肢箍

图 3-22 中的两个相套的箍筋，一个是环周边的封闭双肢箍，按式（3-21）计算。另一个套箍的宽度相当于 1/3 的构件断面宽度，高度可按构件断面高度减去两个混凝土保护层厚度计算，其计算式为：

$$箍筋长度 = \frac{1}{3}B \times 2 + (H-2c) \times 2 + 2 \times 1.90d + 2 \times \max(10d, 75) \quad (3-23)$$

图 3-23 中的两个相同的箍筋，宽度相当于 2/3 的构件断面宽度，高度可按构件断面高度减去两个混凝土保护层厚度计算，其计算式为：

$$箍筋长度 = B \times 2 + (H-2c) \times 2 + 2 \times 1.90d + 2 \times \max(10d, 75) \quad (3-24)$$

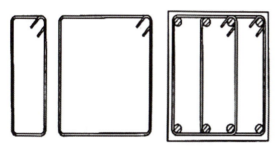

图 3-22　两个不同的箍筋组成四肢箍

图 3-23　两个相同的箍筋组成四肢箍

（3）箍筋支数计算

箍筋支数可划分为以下两种情况计算：

一般的简支梁，箍筋可布至梁端，但应扣减梁端保护层，其计算公式为：

$$支数 = \frac{L-2c}{s} + 1 \quad (3-25)$$

式中　L——梁的构件长（mm）。

　　　c——混凝土保护层厚度（mm）。

　　　s——箍筋间距（mm）。

　　　1——排列的箍筋最后加 1 支。

与柱整浇的框架梁，箍筋可布至支座边 50mm 处，无柱支座中可设 1 支箍筋（图 3-24）。其计算公式为：

$$支数 = \frac{L_净 - 2 \times 0.05}{s} + 1 \quad (3-26)$$

式中　$L_净$——梁的净跨长，即支座间净长度。

　　　其余符号同上。

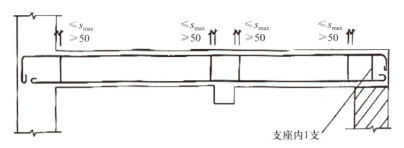

图 3-24 箍筋分布示意图

（二）钢筋工程量计算规则

钢筋工程量计算的基本表达式为：

$$钢筋工程量（kg）= 钢筋图示长度 \times 钢筋单位理论质量 \qquad (3-27)$$

其中，钢筋图示长度是按施工图示尺寸及构造要求计算。钢筋单位理论质量可按表 3-6 查用，在无表可查时，也可以用以下简便公式计算：

$$钢筋单位理论质量（kg/m）= 0.617 d^2 \qquad (3-28)$$

式中　d——钢筋直径（mm）。

表 3-6　钢筋的单位理论质量

钢筋直径（mm）	截面面积（mm²）	单位理论质量（kg/m）	钢筋直径（mm）	截面面积（mm²）	单位理论质量（kg/m）
5	19.63	0.154	18	254.50	2.000
6	28.27	0.222	20	314.20	2.470
6.5	33.18	0.260	22	380.10	2.980
8	50.27	0.395	25	490.90	3.850
10	78.54	0.617	28	615.80	4.830
12	113.10	0.888	30	706.90	5.550
14	153.90	1.210	32	804.20	6.310
16	201.10	1.580	38	1134.00	8.900
17	227.00	1.780	40	1257.00	9.870

（三）钢筋工程工程量计算示例

例题 3-4　图 3-25 中计算钢筋混凝土梁内的箍筋的单支长度（室内干燥环境为一类环境，箍筋为 Φ6）。

解：查表 3-2 知，混凝土保护层厚度 $c = 20$mm。

①号箍筋按式（3-29）计算，得：

$$箍筋长度 = (B+H) \times 2 - 8c + 2 \times 1.90d + 2 \times \max(10d, 75)$$
$$= [(0.4+0.6) \times 2 - 8 \times 0.02 + 2 \times 1.9 \times 0.006 + 2 \times 0.075] \text{m}$$
$$= 2.01 \text{m} \quad (3\text{-}29)$$

②号箍筋按式（3-30）计算，得：

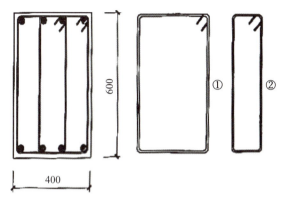

图 3-25　箍筋图

$$箍筋长度 = \frac{1}{3}B \times 2 + (H-2c) \times 2 + 2 \times 1.90d + 2 \times \max(10d, 75)$$
$$= [\frac{1}{3} \times 0.4 \times 2 + (0.6 - 2 \times 0.02) \times 2 + 2 \times 1.90 \times 0.006 + 2 \times 0.075] \text{m}$$
$$= 1.56 \text{m} \quad (3\text{-}30)$$

第五节　混凝土、砌块用量计算知识

（一）混凝土工程工程量计算

1. 现浇混凝土基础

1）独立基础

当建筑物上部结构采用框架结构或单层排架结构承重时，基础常采用不同形式的独立基础。

当基础体积为阶梯形时，其体积为各阶矩形的长、宽、高相乘后相加（图3-26）。
当基础体积为锥形时，其体积可由矩形体积和棱台体积之和构成（图3-27）。

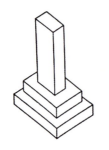 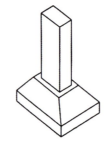 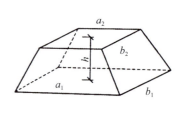

图 3-26 阶梯形独立基础　　　　　　图 3-27 锥形独立基础

2）条形基础

条形基础也称带形基础，当其梁（肋）高 h 与梁（肋）宽 b 之比在 4∶1 以内的按有梁式条形基础计算。超过 4∶1，条形基础底板按无梁式计算，以上部分按钢筋混凝土墙计算。其工程量可用式（3-31）计算：

$$\text{条形基础体积} = \text{基础长度} \times \text{基础断面积} \quad (3-31)$$

式中：基础长度，外墙按外墙中心线计算，内墙按内墙净长线计算，基础断面面积按图示尺寸计算，单位 m^3。

3）垫层

混凝土垫层是施工中常见的做法，一般采用 C15 混凝土。工程量计算如下：

$$\text{基础垫层工程量} = \text{垫层长} \times \text{垫层断面面积} \quad (3-32)$$

条形基础垫层长：外墙按外墙中心线计算（m），内墙按内墙基础垫层净长线计算（m）。

2. 现浇柱、梁、板、墙

1）现浇柱

柱是受压构件，断面形状有矩形、圆形、异形等。现浇柱按功能主要分为框架柱和构造柱两大类。

$$\text{柱工程量} = \text{柱高} \times \text{设计柱断面面积} + \text{牛腿所占体积} \quad (3-33)$$

柱高的确定见图 3-28。

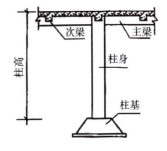 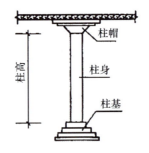 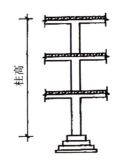

图 3-28　柱高计算示意图

2）现浇梁

梁是受弯构件，断面形状有矩形、T形、工字形等。现浇梁按功能主要分为框架梁、非框架梁、基础梁、圈梁、过梁等。

现浇梁工程量按图示尺寸计算，计量单位 m³。不扣除构件内钢筋、预埋构件所占体积，伸入墙内的梁头、梁垫并入梁体积计算。计算公式如下：

$$现浇梁工程量 = 梁断面面积 \times 梁长 \quad (3-34)$$

式中梁长计算如下：

① 梁与柱相连接时，梁长算至柱侧面（mm）。
② 梁与梁连接时，次梁算至主梁侧面（mm）。
③ 梁与钢筋混凝土墙连接时，梁长算至墙侧面（mm）。
④ 圈梁的长度（mm），外墙上的按外墙中心线计算，内墙上的按内墙净长线计算。计算梁的工程量时，梁垫体积应并入梁的体积内。圈梁与过梁连接时，分别计算，过梁长度按洞口外围宽度两端共加 500mm。

3）现浇板

各类现浇板工程量按图示尺寸计算，计量单位 m³。不扣除构件内钢筋、预埋构件及单个面积 0.3m² 以内的孔洞所占体积。计算公式如下：

$$板的体积 V = 板长 \times 板宽 \times 板厚 \quad (3-35)$$

有梁板是指梁和板浇成整体的梁板，其混凝土工程量按梁与板体积之和计算。无梁板是指直接支撑在柱上的板，其混凝土工程量按板和柱帽的体积之和计算。平板是指直接支撑在墙上的板。圈梁连接时，板算至圈梁的侧面。板与混凝土墙连接时，板算至混凝土墙的侧面。支撑在砖墙上的板头体积并入平板混凝土工程量内。预制板补现浇板缝时，板缝宽（下口宽）在 150mm 以内时不计算工程量，板缝宽超过 150mm 时按平板计算。现浇框架梁和现浇板连接在一起时按有梁板计算。

4）现浇墙

各类墙的混凝土工程量均按图示尺寸计算，单位 m³。计算公式为：

$$V = 墙长 \times 墙高 \times 墙厚 - \sum(0.3m² 以上门窗及孔洞面积 \times 墙厚) \quad (3-36)$$

式中 墙长——外墙按中心线（有柱者算至柱侧），内墙按净长线（有柱者算至柱侧）。
墙高——从基础上表面算至墙顶。

3. 现浇整体楼梯

整体楼梯（包括直形和弧形）的工程量以 m² 为计量单位，按水平投影面积计算。或以 m³ 为计量单位，按设计图示尺寸以体积计算。其中，水平投影面积包括楼梯间两端的休息平台、平台梁、斜梁和楼梯的连接梁，不扣除宽度小于等于 500mm 的楼梯井，伸入墙内的板头、梁头不计算。当整体楼梯与现浇楼板无梯梁连接时，以楼梯的最后一个踏步边缘加 300mm 为界。

4. 后浇带

为防止现浇钢筋混凝土结构由于温度收缩不均、沉降差等原因产生的裂缝，按照规范要求，在基础底板、墙、梁相应位置留设临时施工缝，将结构暂时划分为若干部分，在若干时间后再浇捣该施工缝混凝土，将结构连成整体。由于缝很宽，常为 800~1200mm，故称为后浇带。后浇带工程量按图示尺寸以体积计算，计量单位为 m^3。

5. 常见预制混凝土构件

根据设计要求在预制厂或工地现场进行预先下料、加工，然后现场拼接安装的各种构件称为预制构件。预制混凝土构件工程量按图示尺寸以体积计算，计量单位为 m^3。不扣除构件内钢筋、预埋铁件及单个尺寸 300mm×300mm 以内的孔洞所占体积。空心构件扣除孔洞所占体积，后张法预应力构件不扣除灌浆孔道所占体积。有相同截面、长度的预制混凝土柱、梁工程量，可按"根数"计算。同类型、同跨度的预制混凝土屋架的工程量，可按"榀"数计算。同类型、相同构件尺寸的预制混凝土板、沟盖板的工程量可按"块"数计算。混凝土井圈、井盖板的工程量可按"套"数计算。

6. 混凝土工程工程量计算示例

例题 3-5 某教学楼工程采用现浇混凝土带形基础（图 3-29），混凝土强度等级为 C30。计算该现浇混凝土带形基础的工程量。

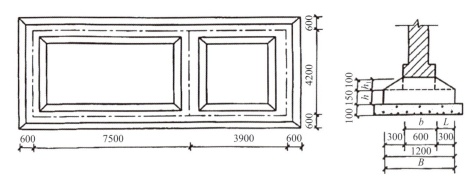

图 3-29 现浇钢筋混凝土工程

解：$V = L_{中} \times 截面面积 = (7.5 + 3.9 + 4.2) \times 2 \times (1.2 \times 0.15 + \frac{0.6 + 1.2}{2} \times 0.1)$

$= 31.2 \times 0.27 = 8.42 m^3$

已知：$L = 0.3m$，$B = 1.2m$，$h_1 = 0.1m$，$b = 0.6m$

$$V_{内接} = L \times h_1 \times \frac{2b+B}{6} = 0.3 \times 0.1 \times \frac{2 \times 0.6 + 1.2}{6} = 0.012 \mathrm{m}^3$$

$$V_{内} = (4.2-1.2) \times (1.2 \times 0.15 + \frac{0.6+1.2}{2} \times 0.1) + 2V_{内接} = 3 \times 0.27 + 2 \times 0.012$$

$$= 0.81 + 0.024 = 0.834 \mathrm{m}^3$$

带形基础的工程量 $= V_{外} + V_{内} = 8.42 + 0.834 = 9.254 \mathrm{m}^3$

（二）砌筑工程工程量计算

1. 砌筑工程基础知识

1）砌筑工程分类

砌筑工程按材料不同有砌砖、砌石、其他砌块等。按部位不同有砌基础、砌墙体、砌柱、砌烟囱水塔、砌检查井、砌地沟、零星砌体等。按砌体形式不同有实心砌体、空斗墙、空花墙、填充墙等。

2）砌筑材料

砌筑材料包括砌筑用砖、砌块、（填充）胶结材料。

（1）砌筑用砖

砌筑用砖根据构造形式的不同可分为实心砖、多孔砖和空心砖。

实心砖的规格为240mm×115mm×53mm（长×宽×厚），常将240mm×115mm面称为大面，240mm×53mm面称为条面，115mm×53mm面称为顶面（图3-30）。4块砖长加4个灰缝，8块砖宽加8个灰缝，16块砖厚加16个灰缝（简称4顺、8丁、16线）均为1m。

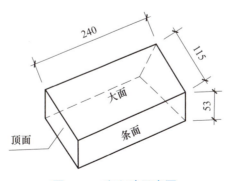

图 3-30　实心砖示意图

我国现行砖的规格为240mm×115mm×53mm，墙体砌筑的横竖灰缝一般以10mm为准。因此，普通砖砌体砖数计算厚度关系见表3-7。使用非标准砖时，其砌体厚度应按砖实际规格和设计厚度计算。

表 3-7　标准墙计算厚度

砖数/厚度	1/4	1/2	3/4	1	$1\frac{1}{2}$	2	$2\frac{1}{2}$	3
计算厚度（mm）	53	115	180	240	365	490	615	740

（2）砌筑用砌块

砌块是用于砌筑的、形体大于砌墙砖的人造块材。砌块系列中主规格的长度、宽度或高度有一项或一项以上分别大于 365mm、240mm 或 115mm，但高度不大于长度或宽度的六倍，长度不超过高度的三倍。按产品主规格的尺寸可分为大型砌块（高度大于 980mm）、中型砌块（高度为 380～980mm）和小型砌块（高度为 115～380mm）。

砌块的分类方法很多，按用途可分为承重砌块和非承重砌块。按空心率（砌块上孔洞和槽的体积总和与按外廓尺寸算出的体积之比的百分率）可分为实心砌块（无孔洞或空心率小于 25%）和空心砌块（空心率等于或大于 25%）。按材质又可分为硅酸盐砌块、轻骨料混凝土砌块、普通混凝土砌块等。

3）基础与墙（柱）身的划分

基础与墙（柱）身使用同一种材料时，以设计室内地面为界（有地下室者，以地下室室内地面为界），以下为基础，以上为墙（柱）身，见图 3-31（a、b）。基础与墙（柱）身使用不同材料时，不同材料分界线位于设计室内地面高度 ≤±300mm 时，以不同材料为分界线。高度 ≥±300mm 时，以设计室内地面为分界线，见图 3-31（c）。砖围墙以设计室外地坪为界，以下为基础，以上为墙身。

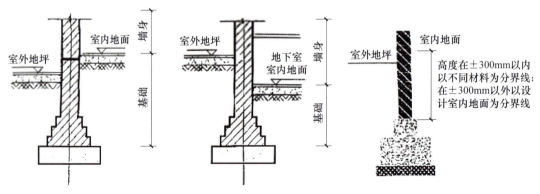

（a）基础与墙身分界示意（无地下室）　（b）基础与墙身分界示意（有地下室）　（c）基础与墙身分界示意（不同材料）

图 3-31　基础与墙（柱）分界示意图

2. 砌筑工程工程量计算

1）砖砌体

砖砌体部分有实心砖墙、空斗墙、空花墙、填充墙、实心砖柱、零星砌砖等。

（1）实心砖墙

工程量＝墙长×墙高×墙厚－应扣除部分体积＋应增加部分体积　　（3-37）

实心砖墙以 m^3 计算。外墙长按中心线，内墙长按净长线计算。关键是墙高的确定，外墙高度计算见图 3-32，内墙有钢筋混凝土楼板隔层的算至板底。

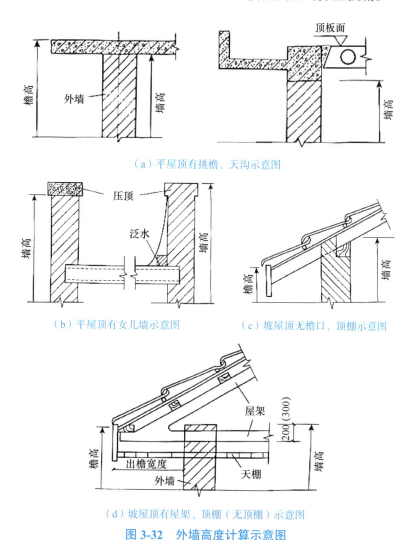

（a）平屋顶有挑檐、天沟示意图

（b）平屋顶有女儿墙示意图　　（c）坡屋顶无檐口、顶棚示意图

（d）坡屋顶有屋架、顶棚（无顶棚）示意图

图 3-32　外墙高度计算示意图

（2）空斗墙

用砖侧砌或平、侧交替砌筑成的空心墙体。具有用料省、自重轻和隔热、隔声性能好等优点，适用于1～3层民用建筑的承重墙或框架建筑的填充墙。

空斗墙的砌筑方法分有眠空斗墙和无眠空斗墙两种。立砌的砖有斗砖和丁砖，顺墙摆放的砖称为斗砖，横向摆放的砖称为丁砖，而平砌的砖称眠砖（图3-33）。空斗墙工程量计算规则按设计图示尺寸，以空斗墙外形体积计算。墙角、内外墙交接处、门窗洞口立边、窗台砖、屋檐处的实砌部分体积并入空斗墙体积内。

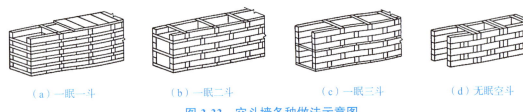

(a) 一眠一斗　　(b) 一眠二斗　　(c) 一眠三斗　　(d) 无眠空斗

图 3-33　空斗墙各种做法示意图

（3）空花墙

空花墙是一种镂空的墙体结构，指用砖砌成各种镂空花式的墙，是由下方的实体墙部分，中间的镂空部分，以及上部的压顶组成（图 3-34）。空花部分的外形体积的计算应按设计图示尺寸以空花部分外形体积计算，不扣除空洞部分体积。使用混凝土花格砌筑的空花墙，应分实砌墙体和混凝土花格计算工程量。

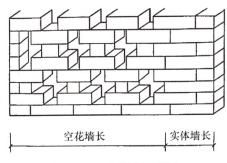

图 3-34　空花墙示意图

（4）填充墙

填充墙指以实心砖砌筑，墙体中形成空腔，填充轻质材料的墙体。填充墙工程量计算按设计图示尺寸以填充墙外形体积，不扣除空洞部分体积，单位为 m^3。

（5）实心砖柱

实心砖柱工程量应按设计图示尺寸以体积计算。扣除混凝土及钢筋混凝土梁垫、梁头、板头所占体积。在计算实心砖柱工程量时，应区分砖的品种、柱截面形状、砂浆的种类及强度等级等不同分别列项计算。

$$砖柱工程量 = 柱截面面积 \times 柱高 \times 根数 \qquad (3-38)$$

（6）砖墙面勾缝

砖墙面勾缝工程量区分加浆、原浆，按墙面设计尺寸以垂直投影面积计算，应扣除墙裙和墙面抹灰面积。不扣除门窗套和腰线等零星抹灰及门窗洞口所占的面积，但垛和门窗洞口侧面的勾缝面积亦不增加。独立柱、房上烟囱勾缝，按图示外形尺寸以面积计算。

2）砌块砌体

砌块砌体工程量计算按设计图示尺寸以体积计算。扣除门窗洞口、过大洞、空圈、嵌大墙内的钢筋混凝土柱、梁、圈梁、挑梁、过梁及凹进墙内的壁龛、管槽、暖气槽、消火栓箱所占体积，不扣除梁头、板头、模头、垫木、木楞头、沿缘木、木砖、门窗走头、砖墙内加固钢筋、木筋、铁件、钢管及单个面积 0.3m² 以内的孔洞所占体积，凸出墙面的腰线、挑檐、压顶、窗台线、虎头砖、门窗套的体积不增加，凸出墙面的砖垛并入墙体体积内。

（1）墙长度：外墙按中心线，内墙按净长计算。

（2）墙高度：外墙是指斜（坡）屋面无檐口顶棚者算至屋面板底。有屋架且室内外均有顶棚者算至屋架下弦底另加 200mm。无顶棚者算至屋架下弦底另加 300mm，出檐宽度超过 600mm 时按实砌高度计算。平屋面算至钢筋混凝土板底。内墙是指位于屋架下弦者，算至屋架下弦底。无屋架者算至顶棚底另加 100mm。有钢筋混凝土楼板隔层者算至楼板顶。有框架梁时算至梁底。

（3）女儿墙：从屋面板上表面算至女儿墙顶面（如有压顶时算至压顶下表面）。

（4）内、外山墙：按其平均高度计算。

（5）围墙：高度算至压顶上表面（如有混凝土压顶时算至压顶下表面），围墙柱并入围墙体积内。

3）其他砌体工程

砌体工程除砖基础、砖砌体、砌块砌体之外，还有砖构筑物、石砌体等内容。本部分主要介绍砖烟囱、砖烟道、石基础的工程量计算方法。

（1）砖烟囱

烟囱筒身工程量计算按设计图示筒壁平均中心线周长乘以厚度乘以高度以体积计算。扣除各种孔洞、钢筋混凝土圈梁、过梁等。烟囱内衬工程量按设计图示尺寸以体积计算，扣除孔洞所占体积。楔形整砖加工工程量应以千块为单位计数量。

（2）其他项目

砖窨井、检查井、砖水池、化粪池砌体项目工程量均按设计图示尺寸以体积计算。

砖地沟项目工程量均按设计图示尺寸以体积计算。

砖烟道、石基础、石挡土墙、石护坡、石台阶工程量计算按图示尺寸以体积计算。

石材加工包括打荒、錾凿、剁斧。打荒是指将粗具六面体的方整石打去其不规则部分，稍加修整，使其成为形状规则的六面体毛料石。打荒工程量按设计要求加工后的成材体积以 m³ 为单位计算。錾凿是指对打荒后的毛料石进行进一步錾凿加工，使其成为表面凹入深度不大于 20mm 的粗料石。錾凿工程量按设计要求加工后的成材体积以 m³ 为单位计算。剁斧是指将錾凿后的粗料石，按石料规格尺寸，弹线剁斧平整，使其成为表面凹入深度达到表 3-8 规定深度的细料石。剁斧工程量按剁斧面积以 m² 为单位计算。

表 3-8 剁斧加工表面凹入深度表

剁斧遍数	加工表面凹入深度
一遍	不大于 10mm
二遍	不大于 2mm
三遍	不大于 1mm

3. 砌筑工程工程量计算示例

例题 3-6 某教学楼工程平面示意图（图 3-35），采用烧结普通砖，长 240mm、宽 115mm、高 53mm，砂浆强度等级为 M5，墙厚 370mm，计算该实心砖墙的工程量。

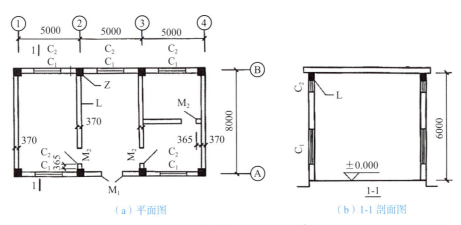

（a）平面图　　　　　　　　　（b）1-1 剖面图

图 3-35 某教学楼工程平面示意图

编号	尺寸	编号	尺寸
M_1	1500×2400	C_2	1800×600
M_2	900×2100	L	400×600
C_1	1800×1500	Z	400×400

解：外墙的工程量 =（框架间净长×框架间净高－门高面积）×墙厚

$$= [(5-0.4) \times 3 \times 2 \times (6-0.6) + (8-0.4) \times 2 \times (6-0.6)$$
$$-1.5 \times 2.4 - 1.8 \times 1.5 \times 5 - 1.8 \times 0.6 \times 5] \times 0.365$$
$$= (149.04 + 82.08 - 3.6 - 13.5 - 5.4) \times 0.365 = 76.15 \text{m}^3$$

内墙的工程量 =（框架间净长×框架间净高－门高面积）×墙厚

$$= [(8-0.4) \times 2 \times (6-0.6) + (5-0.365) \times (6-0.6) -$$
$$0.9 \times 2.1 \times 3] \times 0.365$$
$$= (82.08 + 25.03 - 5.67) \times 0.365 = 37.03 \text{m}^3$$

说明：通常所说的"三七墙"，真实墙厚为 365mm，在求墙体工程量时，用 365mm 进行计算。

第六节　水电材料用量计算知识

（一）给水排水工程量计算知识

1. 建筑物给水排水系统概述

1）建筑物给水系统

建筑物给水系统是将市政给水管网或自备水源的水，在满足用户对水质、水量、水压的要求下输送到各用水点。给水系统可分为室内与室外系统。

（1）室内给水系统的组成

室内给水系统一般由引入管、水表节点、管道系统、给水附件、配水装置、增压和贮水设备等组成（图3-36）。

（2）室外给水系统的组成

室外给水系统由管道、控制阀门井、水表井、室外消火栓或水泵接合器组成。

2）建筑物排水系统

建筑物排水系统分为室内与室外系统。室内排水系统，要求在气压波动情况下保证系统水封不被破坏，能将工业污水和生活废水或雨水迅速畅通地排出室外。

（1）室内排水系统组成

室内排水系统一般由排水管网、卫生设备、通气管及清通设备4部分组成（图3-37）。

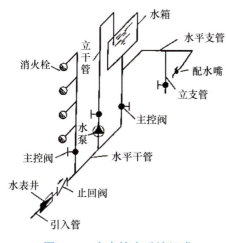

图3-36　室内给水系统组成

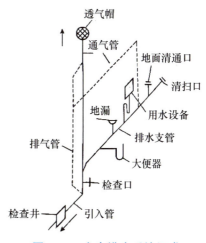

图3-37　室内排水系统组成

（2）室外排水系统组成

室外排水系统由雨水及污水管道、检查井、雨水井、雨水口、跌水井、化粪池等组成。

2. 给水排水管道

给水管道：室内外界线以建筑物外墙皮 1.5m 为界，入口处设阀门者以阀门为界；室外管道与市政管道界线以水表井为界，无水表井者以与市政管道碰头点为界。排水管道：室内外以出户第一个排水检查井为界；室外管道与市政管道界线以与市政管道碰头井为界。

1）管道工程量计算

管道工程量计算由所有设计管道图示中心线长度之和构成。计算给水排水管道工程量时，不扣除阀门、管件（包括水表、除污器等）、附属构筑物及检查井所占长度。

2）管道工程量计算方法

给水排水管道计算应由入（出）口起，先主管，后支管。先进入，后排出。先设备后附件。

（1）水平管道的计算：利用建筑物平面图轴线尺寸和设备位置尺寸进行计算。

（2）垂直管道的计算：利用管道系统图、剖面图的标高进行计算。

3. 支架及其他

1）管道支架

管道支架用于地上架空敷设管道支承的一种结构件。根据管道的运转性能和布置要求，管道支架分成固定和活动两种。

计算规则：（1）按设计图示以质量（kg）计算。（2）按设计图示以数量（套）计算。

2）套管

套管通常用在建筑地下室，是用来保护管道或者方便管道安装的铁圈。套管的分类有刚性套管、柔性防水套管、钢管套管及铁皮套管等。

柔性防水套管、刚性套管以及镀锌钢板套管以"个"为计量单位。

4. 管道附件

给水管道附件是安装在管道及设备上的启闭和调节装置的总称。

1）阀门是与管道系统配用的控制器件，其作用是设备和管道系统的隔离、调节流量、防止回流、调节和排泄压力或改变流路方向等。各种阀门以"个"为计量单位，按施工图所示数量计算。

2）倒流防止器由两个隔开的止回阀和一个安全泄水阀组合而成，安装在过滤器和水表之后，比单向阀或止回阀功能更强，能有效地防止被污染的水倒流回市政管网。倒流防止器用螺纹或法兰盘连接，是水表的组成之一。计算规则按设计图示以数量（套）计算。

5. 法兰和水表

1）法兰是固定连接和拆卸非常方便的一种管件，用钢、铸铁或增强塑料制成，类型很多，在给水排水系统中常用平面法兰，连接形式有焊接或螺纹连接。计算规则按设计图示以数量（副或片）计算。

2）水表计算规则按设计图示以数量（组或个）计算。

（二）电气工程量计算知识

1. 控制箱、配电箱

控制箱内装有电源开关、保险器、继电器或接触器等装置。配电箱用于供电，分为电力配电箱和照明配电箱。按设计图示以数量（台）计算。

2. 控制开关

控制开关是对用于隔离电源或通断电路，或对改变电路联结方式的一种低压控制电器的统称。计算规则按设计图示以数量（个）计算。

3. 低压熔断器

低压熔断器是指当电流超过规定值时，以本身产生的热量使熔体熔断，断开电路的一种电器。计算规则按设计图示数量（个）计算。

4. 端子箱

端子箱是指在箱内装有相应的接线端子板，作为主线路与多条分线路传输电流或传递电信号的接口设备，也称为线路分配箱或接线箱。计算规则按设计图示以数量（台）计算。

5. 照明开关、插座

计算规格按照设计图示以数量（个）计算。

6. 配管、线槽及桥架

1）配管
配管是指按规范要求配置穿引导线的保护管，也称线管或导管。计算规则：按设计图示尺寸以长度（m）计算，不扣除管路中间的接线箱（盒）、灯头盒、开关盒所占长度。

（1）水平方向配管长度计算

水平方向敷设的配管以平面图的配管走向和敷设部位为依据，借助于平面图所标墙、柱信息和实际尺寸进行管线长度计算。配管沿墙暗敷时，按墙中心线、柱轴线长度计算。配管沿墙明敷时，按墙、柱之间净长度计算。

（2）垂直方向配管长度计算

垂直方向敷设的配管，无论明敷、暗敷，工程量计算都与楼层高度及箱、柜、盘、板、开关及用电设备安装高度有关。安装高度按设计图示尺寸计取；当图纸没有标注时，按施工验收规范规定高度计算。

（3）埋地配管计算

① 水平方向的配管长度计算

按配管水平方向长度计算方法及设备定位尺寸进行计算。当图纸标注有尺寸时，按图示尺寸计算；当图纸没有标注尺寸时，可按图纸比例用比例尺从中心至中心进行量算。

② 垂直方向配管长度计算

埋地线管穿地面及伸出地面长度，按相关图纸进行计算。

2）线槽

配管容纳导线有限，而且导线在管中不便检修，因此，当导线较多，往往采用线槽配线。计算规则同配管。

3）桥架

桥架可在室内或室外架空或埋地敷设。计算规则同配管。

7. 配线

配线是指管内穿线、瓷夹板配线、塑料夹板配线、绝缘子配线、槽板配线、塑料护套配线、线槽配线及车间带形母线等。配线需按规范和设计要求配设导线，无论用什么方式配设导线，必须稳固。计算规则：按设计图示尺寸以单线长度（m）计算（含预留长度）。

1）管内穿线工程量计算

对于管内穿线工程量计算，在配管长度计算的基础上，按导线的规格、材质、型号等，依据系统图计算，计算公式为：

$$L = (配管长度 + 导线端头预留长度) \times 导线根数 \qquad (3-39)$$

2）导线端头预留长度，见表3-9。

表 3-9　导线端头预留长度（单位：m/根）

序号	项目	预留长度	说明
1	各种箱、柜、盘、板、盒	高+宽	盘面尺寸
2	单项安装的铁壳开关、自动开关、刀开关、启动器、箱式电阻器、变阻器	0.5	从安装对象中心算起
3	继电器、控制开关、信号灯、按钮、熔断器等小电器	0.3	从安装对象中心算起
4	分支接头	0.2	分支线预留

8. 接线箱、接线盒

接线箱是指集中各种导线接头的箱子，将接头集中在接线箱内便于管理、维护。接线盒为集中安置各种导线接头的盒子，是电气线路分支时（处）用的薄钢板或塑料盒，在照明工程中用量非常大。计算规则：按设计图示以数量（个）计算。

接线盒一般发生在管线分支处或管线转弯处。如电气部位（开关、插座、灯具、架空或埋配电箱）、线路分支或导线规格改变处、水平敷设转弯处（图 3-38）。

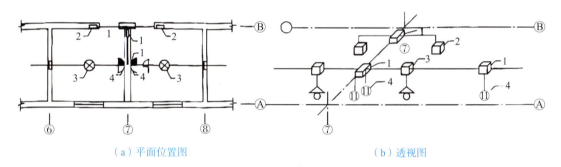

（a）平面位置图　　　　（b）透视图

图 3-38　接线盒位置图

1—接线盒；2—开关盒；3—灯头盒；4—插座盒

1）应按电气平面布置图线路中所绘制开关、插座、灯具的符号逐一计算，原则上一个电气符号（开关、插座、灯具）应计算一个接线盒。

2）设计无特殊要求时，按下列方法计算接线盒和拉线盒。

（1）配管遇下列情况，中间应增设接线盒和拉线盒，且接线盒或拉线盒的位置应便于穿线。

① 管长度每超过 30m，无弯曲。

② 管长度每超过 20m，有 1 个弯曲。

③ 管长度每超过 15m，有 2 个弯曲。

④ 管长度每超过 8m，有 3 个弯曲。

（2）垂直敷设的配管遇到下列情况，应增设固定导线用的拉线盒。

① 管内导线截面为 50mm² 及以下，长度每超过 30m。

② 管内导线截面为 70～95mm²，长度每超过 20m。

③ 管内导线截面为 120～240mm，长度每超过 18m。

第四章　测量知识

第一节　测量仪器及使用

（一）钢卷尺

1. 钢卷尺的构造

钢卷尺是测量工具中常用的一种，通常用于测量长度、宽度、高度等尺寸参数。钢卷尺的测量原理是利用钢卷尺上的刻度与物体间的距离相互比较来得出物体的尺寸，如图 4-1 所示。

图 4-1　钢卷尺

2. 钢卷尺的使用

使用钢卷尺时，首先要检查卷尺的各个部位。对自卷式和制动式卷尺来说，拉出和收卷尺带时，应轻便、灵活，无卡住现象。制动式卷尺的按钮装置应能有效地控制尺带收卷，不得有阻滞失灵现象。盒式和架式摇卷尺在摇卷时应灵活。尺带表面不得有锈迹和明显的斑点、划痕，线纹应清晰。

（二）激光铅垂仪

1. 激光铅垂仪的构造

激光铅垂仪是一种供竖直定位的专用仪器，适用于高层建（构）筑物的竖直定位测量。它主要由氦氖激光器、竖轴、发射望远镜、水准器和基座等部件组成，基本构造如图 4-2 所示。

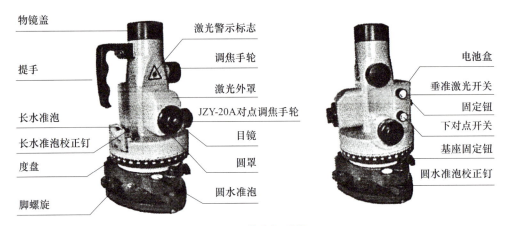

图 4-2　激光铅垂仪

2. 激光铅垂仪的使用

1）安置、整平、对中

（1）安置

将三脚架安置在测站点上，仪器安装在三脚架的基座强制中心孔内，锁紧基座固定钮，使仪器稳固。

调节三脚架高度，使望远镜目镜大致与人眼等高，调节三脚架，使圆水准泡居中。

（2）整平

① 用圆水准器粗整平仪器

相向转动脚螺旋 A、B 使水准泡移至垂直于 A、B 连线的圆水准器线上（图 4-3a）。转动脚螺旋 C，使水准泡居于圆水准器中心（图 4-3b）。

② 用长水准器精确整平仪器

转动仪器使长水准器与脚螺旋 A、B 连线平行；相向转动脚螺旋 A、B，使水准泡居于长水准器的中心（图 4-4a）。

转动仪器使长水准器与脚螺旋 A、B 连线垂直；转动脚螺旋 C，使水准泡居于长水准器的中心重复以上步骤，直至仪器转动任意角度时，水准泡都能居于长水准器的中心（图 4-4b）。

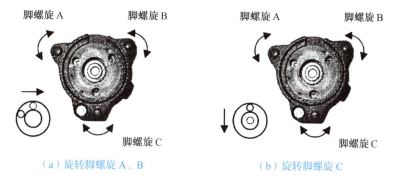

图 4-3　圆水准器粗整平

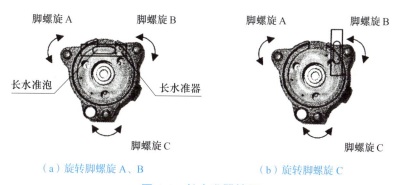

图 4-4　长水准器精平

（3）对中

① 打开对点激光开关，对于 JZY-20A，则调节对点调焦手轮，使激光聚焦在与测站点同一平面上。对于 JZY-20 和 JZY-20B，由于下对点不可调，故不需调节。

② 松开基座固定钮，平移仪器至对点激光点与基准点对准。

③ 重复步骤②至仪器整平并确认激光对点器对中。确认对中、整平完成后，可将对点激光关闭以节省用电。

2）照准

在目标处放置网格激光靶。

转动望远镜目镜使分划板十字丝清晰，再转动调焦手轮使激光靶在分划板上成像清晰并尽量消除视差，即当观测者轻微移动视线时，十字丝与目标之间不能有明显偏移。否则应继续上述步骤，直至无视差。

3）垂准

（1）光学垂准

如果仪器已经校正好，当仪器整平后，进行对径观测，首先转动度盘，使指标线对准零刻度,通过望远镜获得第一个观测值,将仪器照准部旋转180°,通过望远镜获得第二个观测值,取其中数(中点)为测量值,并可适当增加测回数。

(2)激光垂准

激光垂准如图4-5所示。

图4-5 激光垂准示意图

开关设置:打开垂准激光开关,会有一束激光从望远物镜中射出,顺时针旋转开关,光斑亮度增大,通过调节调焦手轮可控制光斑的大小,使激光束聚焦在激光靶上,激光光斑中心处的读数即为观测值。同样建议用户通过旋转照准部,用对径读数的方法提高垂准精度。激光下对点的使用方法可参照垂准激光的使用方法。

(三)水准仪

1. 水准仪的分类

(1)水准仪按结构不同可分为微倾水准仪、自动安平水准仪、电子水准仪,如图4-6所示。

(a)微倾水准仪　　(b)自动安平水准仪　　(c)电子水准仪

图4-6 水准仪

(2)水准仪按精度不同可分为普通水准仪和精密水准仪。我国国家标准把水准仪分为DS_{05}、DS_1、DS_3和DS_{10}四个等级。DS分别为"大地测量"和"水准仪"的汉语拼音第一个字母,其后05、1、3、10等数字表示该仪器的精度,即每公里往返测量高差中S_t的偶然中误差。DS_{05}级和DS_1级水准仪称为精密水准仪,用于国家一、二等精密水准测量及地震监测。DS_3级和DS_{10}级水准仪称为普通水准仪,用于国家三、四等水准测量以及一般工程水准测量。

2. 水准尺与尺垫

1）水准尺

水准尺是进行水准测量时与水准仪配合使用的标尺。常用的水准尺有塔尺和双面尺两种，如图4-7所示。

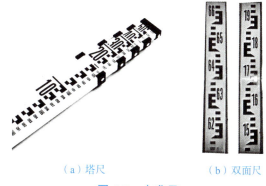

（a）塔尺　　　　　　（b）双面尺

图4-7　水准尺

（1）塔尺是一种逐节缩小的组合尺，其长度为2~5m，有两节或三节连接在一起，尺的底部为零点，尺面上黑白格相间，每格宽度为1cm，有的为0.5cm，在米和分米处有数字注记，如图4-7（a）所示。

（2）双面水准尺尺长为3m，两根尺为一对。尺的双面均有刻画，一面为黑白相间，称为黑面尺（也称主尺）。另一面为红白相间，称为红面尺（也称辅尺）。两面的刻画均为1cm，在分米处注有数字。两根尺的黑面尺尺底均从零开始，而红面尺尺底，一根从4.687m开始，另一根从4.787m开始，如图4-7（b）所示。开始在视线高度不变的情况下，同一根水准尺的红面和黑面读数之差应等于常数4.687m或4.787m，这个常数称为尺常数，用K来表示，以此可以检核读数是否正确。

2）尺垫

尺垫一般分为三角形和圆形两种，如图4-8所示。尺垫具有传递高程，用于支承标尺的作用。

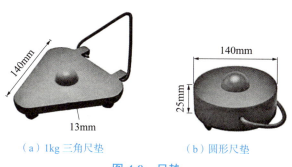

（a）1kg三角尺垫　　　　　　（b）圆形尺垫

图4-8　尺垫

在水准测量中，在转点上才用尺垫，水准点上不使用尺垫。

① 通常两个水准点之间有一段距离，架设一次无法完成，就要分几个测段进行，此时转点用尺垫。② 有时架设一次仪器，无法读出水准尺读数（两点高差太大），就要增设转点，在转点用尺垫。③实际操作：水准尺竖立于包球形上部，如图 4-9 所示。

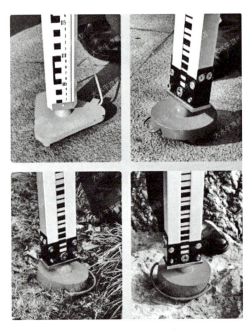

图 4-9　尺垫使用示意图

3. 水准仪的使用设置（视频 4-1）

视频 4-1　水准仪的使用设置视频

（四）经纬仪

经纬仪是测量工作中的主要测角仪器，由望远镜、水平度盘、竖直度盘、水准器、基座等组成。测量时，将经纬仪安置在三脚架上，用垂球或光学对准器将仪器中心对准地面测站点上，用水准器将仪器定平，用望远镜瞄准测量目标，用水平度盘和竖直度盘测定水平角和竖直角。

以下是经纬仪的使用方法。

1. 安置经纬仪

（1）松开三脚架，安置于测站上，高度应适中，架头大致水平，三脚架中心大致处于测站点正上方。

（2）取出经纬仪，置于架头上，一只手紧握经纬仪支架，另一只手将三脚架连接螺旋旋入经纬仪基座底部中心螺孔并拧紧。

2. 对中

对中可以采用垂球对中或光学对中器对中。

（1）垂球对中

① 将垂球挂在三脚架底部连接螺旋的挂钩上，调整垂球线的长度，使垂球尖离地面大致 1~3cm。

② 平移三脚架，使垂球尖大致对准测站点，并保持架头水平，踩紧三脚架。

③ 当垂球尖与地面偏差小时，稍松连接螺旋，两手夹住基座，在三脚架头上平移仪器，使垂球尖端准确对准测站点，再拧紧连接螺旋。垂球对中的误差一般应小于 2mm。

（2）光学器对中

① 转动光学对中器目镜调焦螺旋，使光学对中器分划板清晰。

② 伸缩对中器镜管，使地面测站点清晰。

③ 调节脚螺旋使地面标志点位于对中标志中心，然后伸缩三脚架的架腿（注意架腿不要位移），使圆水准器水准泡居中，整平仪器。

④ 检查对中器中地面测站点是否偏离分划板对中圈。若发生偏离，则松开底座下的连接螺旋，在架头上轻轻平移仪器，使地面测站点回到对中器中心位置。

⑤ 检查照准部水准管水准泡是否居中。若水准泡发生偏离，需再次整平，即重复前面过程，直到光学对中器偏离目标中心不大于 1mm 为止，最后旋紧连接螺旋。

3. 整平

经纬仪整平操作如图 4-10 所示。

（1）松开水平制动螺旋，转动照准部，使水准管平行于任意一对脚螺旋的连线，如图 4-10（a）所示，两手同时向内（或向外）转动这一对脚螺旋，使水准泡居中，水准泡移动的方向和左手大拇指运动的方向一致。

（2）将仪器绕竖轴转动90°，使水准管垂直于原来两脚螺旋的连线，如图4-10（b）所示，左手转动第三只脚螺旋，使水准泡居中。

（3）如此反复调试，直到仪器转到任何方向，水准泡中心不偏离水准管零点1格。

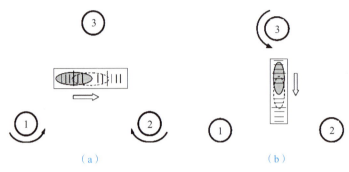

图4-10　经纬仪整平操作示意

4. 瞄准

（1）将望远镜对向天空或者白色墙面，转动目镜调焦螺旋使十字丝清晰。

（2）松开望远镜的制动螺旋和水平制动螺旋，旋转照准部，用望远镜上的瞄准器瞄准目标，使其位于望远镜的视场内，固定望远镜制动螺旋和水平制动螺旋。

（3）转动物镜焦筒使目标影像更清晰，再调节望远镜微动螺旋和照准部微动螺旋，用十字丝精确对准目标，使目标被十字丝的单根纵丝平分或被双根纵丝夹在中央。

（4）上下、左右移动眼睛，观察目标像与十字丝之间是否有移动，如果有，则存在视差，转动物镜调焦筒进行调查，直到视差消除为止。

5. 读数

读数的主要设备为读数窗上的分微尺，如图4-11所示。

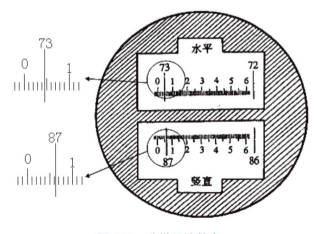

图4-11　分微尺读数窗

（1）打开反光镜，调节反光镜位置，使读数窗亮度适当。

（2）旋转读数显微镜的目镜，使度盘及分微尺的刻画清晰，并区别水平度盘与竖盘读数窗。

（3）如图4-11所示，读数位于分微尺上的度盘刻画线所标记的度数，再读取落在分微尺上0刻画线到这条条度盘刻画之间的分数，估度到0.1′（即6秒）的整数倍。

（4）盘左瞄准目标，读出水平度盘读数，纵转望远镜，盘右再瞄准目标并读数，两次读数之差约为180°，以此检核瞄准和读数是否正确。

（五）测量仪器保养知识

1. 测量仪器的存放

1）存放仪器的房间，应清洁、干燥、明亮且通风良好，室温不宜剧烈地变化，最适宜的温度是10～16℃。在冬季，仪器不能存放在暖气设备附近。室内应有消防设备，但不能用一般酸碱灭火器，宜用液体二氧化碳、四氯化碳及其他新式安全消防器。室内也不要存放具有酸、碱性气味的物品，以防腐蚀仪器。

2）存放仪器的库房，要采取严格防潮措施。库房相对湿度要求在60%以下，特别是南方的梅雨季节，更应采取专门的防潮措施。有条件的可装空气调节器，以控制湿度和温度。一般可用氯化钙吸潮，也可用块状石灰吸潮。

3）仪器应放在木柜内或柜架上，不要直接放在地上。三脚架应平放或者竖直放置，不应随便斜靠，以防扭曲变形。存放三脚架时，应先把活动腿缩回并将腿收拢。

2. 测量仪器的维护使用

1）从仪器箱内取、放仪器时的注意事项

从箱内取出仪器时，应注意仪器在箱内安放的位置，以便用完后按原位放回。拿取经纬仪时，不能用一只手将仪器提出。应一只手握住仪器支架，另一只手托住仪器基座慢慢取出。取出后，随即将仪器竖立抱起并安放在三脚架上，再旋上中心螺旋。然后关上仪器箱并放置在不易碰撞的安全地点。

作业完毕后，应将所有微动螺旋旋至中央位置，并将仪器外表的灰尘用软毛轻轻刷干净，然后按取出时的原位轻轻放入箱中。放好后要稍微拧紧各制动螺旋，以免携带时仪器在箱中摇晃受损。关闭箱盖时要缓慢妥善，不可强压或猛力冲击，试盖箱盖一次，再将仪器箱盖好后上锁。

从工地作业带回来的仪器，不能放任不管，应随即打开箱盖并晾在通风干燥的地方，晾干擦净再放回箱中。

2）在测站上架设仪器时的注意事项

安置经纬仪时，首先要将三脚架架头大致对中、整平并架设稳当。在设置三脚架时，不允许将经纬仪先安在架头上然后摆设三脚架，必须先摆好三脚架后再放置经纬仪。三脚架一定要架设稳当，其关键在于三条脚腿不能分得太窄也不能分得太宽，一般与地面大致呈60°即可。在山坡或下井架设时，必须两条脚腿在下坡方向一条脚腿在上坡方向，决不允许与此相反。三脚架的脚尖要用脚顺着脚腿方向均匀地踩入地内，不要顺铅垂方向踩，也不能用冲力往下猛踩。

三脚架架设稳妥后，放上经纬仪，并随即拧紧中心连接螺旋。为了检查仪器在三脚架上连接的可靠性，在拧紧中心螺旋的同时，用手移动一下仪器的基座，如紧固不动则说明已连接正确，可进行下一步操作。

3）仪器在施测过程中的注意事项

（1）在整个施测过程中，观察员不得离开仪器。如因工作需要离开时，应委托旁人看管或者将仪器装入箱内带走，以防止发生意外事故。

（2）仪器在野外作业时，必须用伞遮住太阳。在井内作业时要注意避开仪器上方的淋水或可能掉下来的石块等，以免影响观测精度和保护仪器安全。

（3）仪器箱上不能坐人，防止箱子承受不了这么大的压力以致压坏箱子，甚至会压坏仪器。

（4）当旋转仪器的照准部时，应用手握住其支架部分，不要握住望远镜，更不能用手抓住目镜来转动。

（5）仪器的任一转动部分发生旋转困难时，不可强行旋转，必须检查并找出可能发生困难的原因，消除解决这个问题。

（6）仪器发生故障以后，不应勉强继续使用，否则会使仪器的损坏程度加剧。但不要在野外或坑道内任意拆卸仪器，必须带回室内，由专业人员进行维修。

（7）不能用手指触及望远镜物镜或其他光学零件的抛光面。对于物镜外表面的灰尘，可用干净的驼毛刷轻轻地拂去。而对于较脏的污秽，最好在室内条件下处理，不得已时也可用透镜纸轻轻地擦拭。

（8）在野外作业遇到雨、雪时，应将仪器立即装入箱内。不要擦拭落在仪器上的雨滴，以免损伤涂漆。须先将仪器搬到干燥的地方让它自行晾干，然后用软布擦拭仪器，再放入箱内。

4）仪器在搬站时的注意事项

仪器在搬站时是否要装箱，可根据仪器的性质、大小、重量和搬站的远近，以及道路情况、周围环境情况等具体因素具体情况而决定。当搬站距离较远、道路复杂，要通过小河、沟渠、围墙等障碍物时，仪器最好装入箱内。在进行三角测量时，由于搬站距离比较远，仪器又精密，必须装箱背运。在进行地面或井下导线测量时，一般距离比较近，可不装箱搬站，但经纬仪必须从三脚架架头上卸下来，由一人抱在身上携带。当通过沟渠、围墙等障碍物时，仪器必须由一人传给另一个人，不要直接携带仪器跳跃，以免震坏或摔坏仪器。

水准测量搬站时，水准仪不必从架头上卸下。这时可将仪器连同三脚架一起夹在肋下，仪器在前上方，并用一只手托住其重心部分，脚架尽量不要过于倾斜，要近量竖直地面夹稳行走。在任何情况下，仪器切不可横扛在肩上。

搬站时，应把仪器的所有制动螺旋稍微拧紧。但也不要拧得太紧，以防仪器万一受碰撞时，没有活动的余地。

5）其他应注意的事项

（1）仪器遇到气温变化剧烈时，必须采取专门措施。例如冬季，仪器由地面背到井下后，由于井下温度高，湿度大，仪器上面会立即凝结很多水珠。严重时，水还会顺着仪器表面往下滴，密封性能稍差的仪器，内部光学零件表面也会凝结有水珠，以致在短时间内无法观测。仪器存放室离坑口较远时，可在仪器箱内塞些泡沫塑料用以保温。在到达井下作业地点后，不要急于把仪器箱打开，应使仪器有半个小时左右时间逐步适应气温的过程。

（2）三脚架的维护决不能忽视，要防止暴晒、雨淋、碰撞。从工地回来要将其脏污擦拭干净，放在阴凉通风处晾干，不要放在太阳下晒干。三脚架的伸缩滑动部分，经常擦以白蜡，这不但可以防止水分渗蚀木质而引起脚架变形，而且还可以增加滑动部分的光滑度，以利使用。架头及其他连接部分要经常地检查、调整，防止松动。

第二节　水准测量

（一）水准测量的原理

水准测量是利用一条水平视线，并借助水准尺来测定地面两点间的高差，这样就可由已知点的高程推算出未知点的高程。测定待测点高程的方法有高差法和仪高法两种。

1. 高差法

如图 4-12 所示，若已知 A 点的高程 H_A，欲测定 B 点的高程 H_B。在 A、B 两点上竖立两根尺子，并在 A、B 两点之间安置一架可以得到水平视线的仪器。假设水准仪的水平视线在尺子上的位置读数分别为 A 尺（后视）读数为 a，B 尺（前视）读数为 b，则 A、B 两点之间的高程差（简称高差 h_{AB}）为：

$$h_{AB} = a - b \quad (4-1)$$

于是 B 点的高程 H_B 为：

$$H_B = H_A + h_{AB} \quad (4-2)$$

$$H_B = H_A + h_{AB} = H_A + a - b \quad (4-3)$$

这种利用高差计算待测点高程的方法，称高差法。这种尺子称为水准尺，所用的仪器称为水准仪。

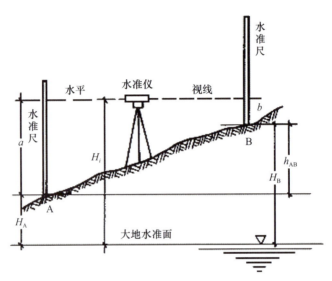

图 4-12　水准测量原理

2. 仪高法

式（4-3）可以写为：

$$H_B = (H_A + a) - b \quad (4-4)$$

如图 4-13 所示，即：

$$H_B = H_i - b \quad (4-5)$$

式（4-5）中 H_i 是仪器水平视线的高程，常称为仪器高程或视线高程。仪高法是计算一次仪器高程，就可以测算出几个前视点的高程。即放置一次仪器，可以测出数个前视点的高程。

综上所述，高差法和仪高法都是利用水准仪提供的水平视线测定地面点高程。必须注意：

① 前视与后视的概念一定要清楚，不能误解为往前看或往后看所得的水准尺读数。

② 两点间高差 h_{AB} 是有正负的，计算高程时，高差应连其符号一并运算。在书写 h_{AB} 时，注意 h 的下标，h_{AB} 是表示 B 点相对于 A 点的高差，h_{BA} 则表示是 A 点相对于 B 点的高差。h_{AB} 与 h_{BA} 的绝对值相等，但符号相反。

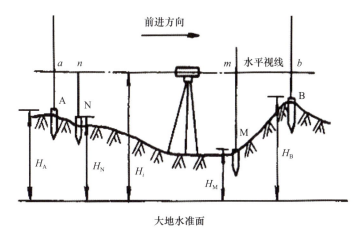

图 4-13　仪高法水准测量

（二）水准路线测量

1. 水准点

为了统一全国的高程系统和满足各种测量的需要，测绘部门在全国各地埋设并测定了很多高程点，这些点称为水准点（Bench Mark），简记为 BM。水准测量通常是从水准点引测其他点的高程。水准点有永久性和临时性两种，如图 4-14、图 4-15 所示。国家等级水准点一般用石料或钢筋混凝土制成，深埋到地面冻结线以下。在标石的顶面设有用不锈钢或其他不易锈蚀材料制成的半球状标志。有些水准点也可设置在稳定的墙脚上，称为墙上水准点。

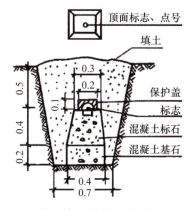

图 4-14　永久性水准点埋设（单位：m）

图 4-15　临时性水准点

建筑工地上的永久性水准点一般用混凝土或钢筋混凝土制成，临时性的水准点可用地面上突出的坚硬岩石或用大木桩打入地下，顶面钉一半球形铁钉。

埋设水准点后，应绘出水准点与附近固定建筑物或其他地物的关系图，在图上还要写明水准点的编号和高程，称为点之记，以便于日后寻找水准点位置之用。水准点编号前通常加 BM 字样，作为水准点的代号。

2. 水准路线

在一系列水准点间进行水准测量所经过的路线，称为水准路线，形式主要有闭合水准路线、附合水准路线和支水准路线，如图 4-16 所示。这是为了避免在测量成果中存在错误，保证测量成果能达到一定精度要求。布设时要根据测区的实际情况和作业要求，布设成某种形式的水准路线。

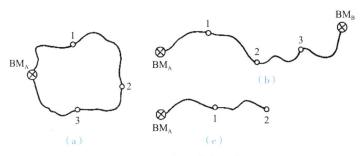

图 4-16 水准路线形式

1）闭合水准路线

如图 4-16（a）所示，从水准点 BM_A 出发，沿各待定高程点 1、2、3 进行水准测量，最后又回到原出发水准点，这种形成环形的路线，称为闭合水准路线。

2）附合水准路线

如图 4-16（b）所示，从水准点 BM_A 出发，沿各待定高程点 1、2、3 进行水准测量，最后又附合到另一个水准点 BM_B。这种在两个已知水准点之间布设的路线，称为附合水准路线。

3）支水准路线

如图 4-16（c）所示，从水准点 BM_A 出发，沿各待定高程点 1、2 进行水准测量。这种从一个已知水准点出发，而另一端为未知点的路线，即不自行闭合，也不附合到其他水准点上，称为支水准路线。

3. 水准测量的施测方法

当所测的高程点距水准点较远或高差很大时，就需要连续多次安置仪器以测出两点的高差。

1）高差法

如图 4-17 所示，已知 A 点的高程 $H_A = 43.150$m，欲测 B 点高程 H_B，在 AB 线路上增加 1、2、3、4 等中间点，将 AB 高差分成若干个水准测站。其中间点仅起传递高程的作用，称为转点（TurningPoint），简写为 TP。转点无固定标志，无需算出高程。每安置一次仪器，便可测得一个高差，即：

$$h_1 = a_1 - b_1$$
$$h_2 = a_2 - b_2$$
$$\cdots\cdots$$
$$h_n = a_n - b_n$$

将各式相加，得：

$$\sum h = \sum a - \sum b$$

则 B 点的高程为：

$$H_B = H_A + \sum h \qquad (4\text{-}6)$$

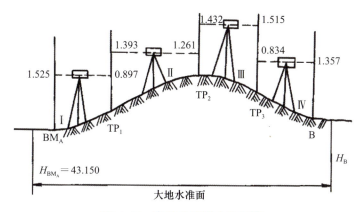

图 4-17　高差法连续水准测量

观测、记录与计算见表 4-1。

表 4-1　高差法水准测量手簿

测点	后视读（m）	前视读数（m）	高差（m）	高程（m）	备注
BM_A	1.525			43.150	已知水准点
			0.628		
TP_1	1.393	0.897		43.778	
			0.132		
TP_2	1.432	1.261		43.910	
			−0.083		
TP_3	0.834	1.515		43.827	
			−0.523		
B		1.357		43.304	
计算校核	$\sum_{后}=5.184$	$\sum_{前}=5.030$	$\sum h = 0.154$	$H_{终}-H_{始}=0.154$	计算无误
	$\sum_{后}-\sum_{前}=0.154$				

2）仪高法

仪高法测高程的施测与高差法基本相同。如图 4-18 所示，在相邻两测站之间有了中间点1、2、3与4、5,它们是待测的高程点,而不是转点。在测站Ⅰ,除了读出 TP_1 点上的前视读数,还要读出中间点1、2、3的读数。在测站Ⅱ,要读出 TP_1 点上的后视读数,以及读出中间点4、5的读数。

仪高法的计算方法与高差法不同,须先计算仪器视线高程 H_i,再推算前视点和中间点高程。记录与计算见表4-2。

为了减少高程传递误差,观测时应先观测转点,后观测中间点。

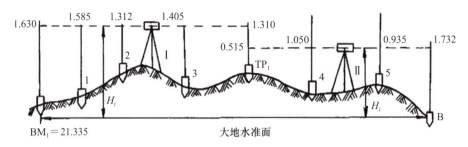

图4-18 仪高法连续水准测量

表4-2 仪高法水准测量手簿

测站	测点	后视读（m）	视线（m）	前视读数（m）		高程（m）	备注
				转点	中间点		
Ⅰ	BM_1	1.630	22.965			21.335	
	1				1.585	21.380	
	2				1.312	21.653	
	3				1.405	21.560	
Ⅱ	TP_1	0.515	22.170	1.310		21.655	
	4				1.050	21.120	
	5				0.935	21.235	
	B			1.732		20.438	
计算检核		$\sum_后 = 2.145$ $\sum_后 - \sum_前 = -0.897$		$\sum_前 = 3.042$（不包括中间点） $H_终 - H_始 = 20.438 - 21.335 = -0.897$			

4. 水准测量的检核

1）计算检核

B点对A点的高差等于各转点之间高差的代数和,也等于后视读数之和减去前视读数之和,因此,此法可用来作为计算的检核。但计算检核只能检查计算是否正确,不能检核观测和记录时是否产生错误。

2）测站检核

B 点的高程是根据 A 点的已知高程和转点之间的高差计算出来。若其中测错任何一个高差，B 点高程就不会正确。因此，对每一站的高差，都必须采取措施进行检核测量。

（1）双仪器高法

同一测站用两次不同的仪器高度（两次不同的仪器高度相差 10cm 以上），测得两次高差以相互比较进行检核。两次所测高差之差对于等外水准测量容许值为 ±6mm，对于四等水准测量容许值为 ±5mm。超出此限差，必须重测，在此限差内，可取两次所测高差之差的平均值作为该站的观测高差。

（2）双面尺法

仪器高度不变，立在前视点和后视点上的水准尺分别用黑面和红面各进行一次读数，测得两次高差，相互进行检核。两次所测高差之差的限差同双仪器高法。

3）成果检核

测站检核只能检核一个测站上是否存在错误或误差超限。由于温度、风力、大气折光、尺垫下沉和仪器下沉等外界条件引起的误差，尺子倾斜和估读的误差，以及水准仪本身的误差等，虽然在一个测站上反映不很明显，但随着测站数的增多使误差积累，有时也会超过规定的限差。因此为了正确评定一条水准路线的测量成果精度，应进行整个水准路线的成果检核。成果检核的方法，因水准路线布设形式的不同，主要有：

（1）闭合水准路线检核

理论上闭合水准路线各段实测高差代数和值应等于零，即 $\sum h_{理} = 0$。

（2）附合水准路线检核

理论上附合水准路线各段实测高差代数和值应等于两端已知高程的差值，即 $\sum h_{理} = H_{终} - H_{始}$。

（3）支水准路线检核

支水准路线本身没有检核条件，通常是用往、返水准路线测量方法进行路线检核。理论上往测高差与返测高差应大小相等，方向相反，即 $|\sum h_{往}| = |\sum h_{返}|$。

第三节　角度测量

角度测量是测量工作的重要内容之一。角度测量的目的是测定地面点连线之间的空间位置关系，以此来确定点的平面坐标和高程，它包括水平角测量和竖直角测量，所采用的仪器为光学经纬仪、电子经纬仪和全站仪等。

（一）水平角观测

在水平角观测中，为发现错误并提高测角精度，一般要用盘左和盘右两个位置进行观测。当观测者对着望远镜的目镜，竖盘在望远镜的左边时称为盘左位置，又称正镜。若竖盘在望远镜的右边时称为盘右位置，又称倒镜。水平角观测方法，一般有测回法和方向观测法两种。

1. 角度测量原理

从一点到两个目标的方向线在水平面上的垂直投影所构成的角度，称为水平角。或者说，空间两直线的夹角在水平面上的垂直投影，称为水平角。如图 4-19 所示，A、B、C 为三个高度不同的地面点。

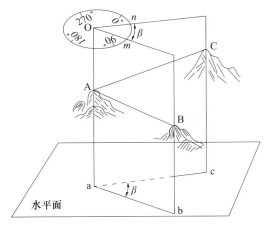

图 4-19　水平角测量原理

根据水平角的定义，将 A、B、C 三点分别沿铅垂方向投影到水平面上，其投影线 ab 和 ac 所构成的角∠cab，即为方向线 AC、AB 所夹的水平角。注意：两直线 AC、AB 的空间夹角∠CAB 并不是水平角。为了测定水平角值的大小，可以在过顶点 A 的铅垂线上任意点安置一个有刻度的水平圆盘，称之为水平度盘。度盘中心 O 位于过 A 点的铅垂线上。则方向线 AC、AB 在水平度盘上的垂直投影 On、Om，在水平度盘上的读数分别为 n 和 m，若将水平度盘按顺时针刻画，则所求的水平角 β 就是两个读数之差，即：

$$\beta = m - n \qquad (4-7)$$

2. 测回法

设 O 为测站点，A、B 为观测目标，∠AOB 为观测角，如图 4-20 所示。

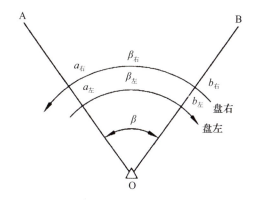

图 4-20　测回法观测水平角示意图

先在 O 点安置仪器，进行整平、对中，然后按以下步骤进行观测。

（1）盘左位置：先照准左方目标，即后视点 A，读取水平度盘读数为 $a_左$，并记入测回法测角记录表中，见表 4-3。然后顺时针转动照准部照准右方目标，即前视点 B，读取水平度盘读数为 $b_左$，并记入记录表中。以上称为上半测回，其观测角值为：

$$\beta_左 = b_左 - a_左 \tag{4-8}$$

表 4-3　测回法测角记录表

测站	盘位	目标	水平度盘读数	水平角		备注
				半测回角	测回角	
O	左	A	0°01′24″	60°49′06″	60°49′03″	60°49′03″
		B	60°50′30″			
	右	B	180°01′30″	60°49′00″		
		A	240°50′30″			

（2）盘右位置：先照准右方目标，即前视点 B，读取水平度盘读数为 $b_右$，并记入记录表中，再逆时针转动照准部照准左方目标，即后视点 A，读取水平度盘读数为 $a_右$，并记入记录表中，则得下半测回角值为：

$$\beta_右 = b_右 - a_右 \tag{4-9}$$

（3）上、下半测回合起来称为一测回。一般规定，用 DJ_6 级光学经纬仪进行观测，上、下半测回角值之差不超过 40″时，可取其平均值作为一测回的角值，即：

$$\beta = \frac{1}{2}(\beta_左 + \beta_右) \tag{4-10}$$

3. 方向观测法

上面介绍的测回法是对两个方向的单角观测。如要观测三个以上的方向，则采用方向观测法（又称为全圆测回法）进行观测，如图4-21所示。

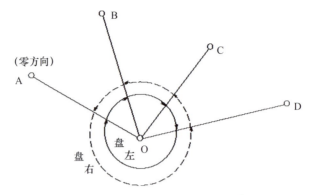

图4-21 方向观测法观测水平角示意图

方向观测法应首先选择一起始方向作为零方向。

如图4-21所示，设A方向为零方向。要求零方向应选择距离适中、通视良好、成像清晰稳定、俯仰角和折光影响较小的方向。

如图4-21所示，设O为测站点，A、B、C、D为观测目标，用方向观测法观测各方向间的水平角，具体施测步骤如下：

1）在测站点O安置经纬仪，在A、B、C、D观测目标处竖立观测标志。

2）盘左位置：选择一个明显目标A作为起始方向，瞄准零方向A，将水平度盘读数安置在稍大于0°处，读取水平度盘读数，记入表4-4方向观测法观测手簿第4栏。

松开照准部制动螺旋，顺时针方向旋转照准部，依次瞄准B、C、D各目标，分别读取水平度盘读数，记入表4-4第4栏，为了校核，再次瞄准零方向A，称为上半测回归零，读取水平度盘读数，记入表4-4第4栏。

表4-4 方向观测法观测手簿

测站	测回数	目标	水平度盘读数		2c	平均读数	归零后方向值	各测回归零后方向平均值	略图及角值
			盘左	盘右					
			° ′ ″	° ′ ″	″	° ′ ″	° ′ ″	° ′ ″	
1	2	3	4	5	6	7	8	9	10
O	1	A	0 02 12	180 02 00	+12	(0 02 10) 0 02 06	0 00 00	0 00 00	A 37°42′01″ B 72°44′51″ C 39°45′41″ D
		B	37 44 15	217 44 05	+10	37 44 10	37 42 00	37 42 01	
		C	110 29 04	290 28 52	+12	110 28 58	110 26 48	110 26 52	
		D	150 14 51	330 14 43	+8	150 14 47	150 12 37	150 12 33	
		A	0 02 18	180 02 08	+10	0 02 13			

续表

测站	测回数	目标	水平度盘读数		2c	平均读数	归零后方向值	各测回归零后方向平均值	略图及角值
			盘左	盘右					
			° ′ ″	° ′ ″	″	° ′ ″	° ′ ″	° ′ ″	
O	2	A	90 03 30	270 03 22	+8	(90 03 24) 90 03 26	0 00 00		A 37°42′01″ B 72°44′51″ C 39°45′41″ D
		B	127 45 34	307 45 28	+6	127 45 31	37 42 07		
		C	200 30 24	20 30 18	+6	200 30 21	110 26 57		
		D	240 15 57	60 15 49	+8	240 15 53	150 12 29		
		A	90 03 25	270 03 18	+7	90 03 22			

零方向 A 的两次读数之差的绝对值，称为半测回归零差，归零差不应超过表 4-5 中的规定，如果归零差超限，应重新观测。以上称为上半测回。

3）盘右位置：逆时针方向依次照准目标 A、D、C、B、A，并将水平度盘读数由下向上记入表 4-4 第 5 栏，此为下半测回。

上、下两个半测回合称一测回。为了提高精度，有时需要观测 n 个测回，则各测回起始方向仍按 180°/n 的差值，安置水平度盘读数。

4. 方向观测法的计算方法

（1）计算两倍视准轴误差 2c 值

$$2c = 盘左读数 - (盘右读数 \pm 180°) \tag{4-11}$$

上式中，盘右读数大于 180° 时取"-"号，盘右读数小于 180° 时取"+"号。计算各方向的 2c 值，填入表 4-3 第 6 栏。一测回内各方向 2c 值互差不应超过表 4-5 中的规定。如果超限，应在原度盘位置重测。

（2）计算各方向的平均读数

平均读数又称为各方向的方向值。

$$平均读数 = \frac{1}{2}[盘左读数 + (盘右读数 \pm 180°)] \tag{4-12}$$

计算时，以盘左读数为准，将盘右读数加或减 180° 后，和盘左读数取平均值。计算各方向的平均读数，填入表 4-4 第 7 栏。起始方向有两个平均读数，故应再取其平均值，填入表 4-4 第 7 栏上方小括号内。

（3）计算归零后的方向值

将各方向的平均读数减去起始方向的平均读数（括号内数值），即得各方向的"归零后方向值"，填入表 4-4 第 8 栏。起始方向归零后的方向值为零。

（4）计算各测回归零后方向值的平均值

多测回观测时，同一方向值各测回互差，符合表4-5中的规定，则取各测回归零后方向值的平均值，作为该方向的最后结果，填入表4-4第9栏。

（5）计算各目标间水平角角值

将第9栏相邻两方向值相减即可求得水平角角值，注于第10栏略图的相应位置上。

当需要观测的方向为三个时，除不做归零观测外，其他均与三个以上方向的观测方法相同。

5. 方向观测法的技术要求

表 4-5　方向观测法的技术要求

经纬仪型号	半测回归零差	一测回内 2c 互差	同一方向值各测回互差
DJ_2	12″	18″	12″
DJ_6	18″		24″

（二）竖直角观测

1. 观测原理

竖直角是指同一铅垂面内某方向线与指标线（包括水平线或铅垂线）之间的夹角。当指标线为水平线时称其为倾角。指标线为铅垂线的天顶方向时称其为天顶距。在实际测量中，竖直角测量通常是测量倾角，有时也将倾角笼统称为竖直角。

竖直角测量原理如图4-22所示。视线AB与水平线AB′的夹角α，即为方向线AB的倾角。当视线AB在水平线AB′以上时，则倾角α为"正"，称为"仰角"。反之，则竖直角α为"负"，称为"俯角"。

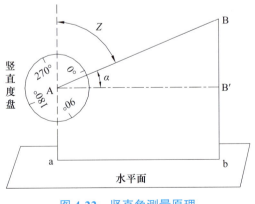

图 4-22　竖直角测量原理

因此，倾角值在 0°～±90° 之间。若视线的天顶距用 Z 表示，则它与倾角的关系为：

$$Z = 90° - \alpha \qquad (4-13)$$

2. 竖直角的计算

竖直角的计算方法，因竖盘刻画的方式不同而异。但现在已逐渐统一为全圆分度，顺时针增加注字，且在视线水平时的竖盘读数为 90°。现以这种刻画方式的竖盘为例，说明竖直角的计算方法，如遇其他方式的刻画，可以根据同样的方法推导其计算公式。

如图 4-23 所示，当在盘左位置且视线水平时，竖盘的读数为 90°（图 4-23a），如照准高处一点 A（图 4-23b），则视线向上倾斜，得读数 L。按前述的规定，竖直角应为"+"值，所以盘左时的竖直角应为：

$$\alpha_{左} = 90° - L \qquad (4-14)$$

当在盘右位置且视线水平时，竖盘读数为 270°（图 4-23c），在照准高处的同一点 A 时（图 4-23d），得读数 R。则竖直角应为：

$$\alpha_{右} = R - 270° \qquad (4-15)$$

取盘左、盘右的平均值，即为一个测回的竖直角值，即：

$$\alpha = \frac{\alpha_{左} + \alpha_{右}}{2} = \frac{R - L - 180°}{2} \qquad (4-16)$$

如果测多个测回，则取各个测回的平均值作为最后成果。

观测结果应及时记入手簿。

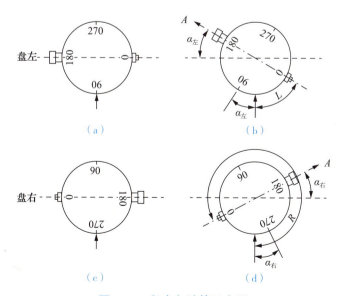

图 4-23　竖直角计算示意图

3. 竖盘指标差

如果指标不位于过竖盘刻画中心的铅垂线上，则如图 4-24 所示，视线水平时的读数不是 90°或 270°，而相差 x，这样用一个盘位测得的竖直角值，即含有误差 x，这个误差称为竖盘指标差。为求得正确角值 α，需加入指标差改正。即：

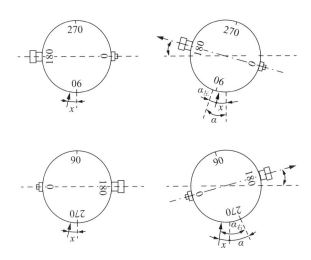

图 4-24　竖盘指标差示意图

$$\alpha = \alpha_左 + x \tag{4-17}$$

$$\alpha = \alpha_右 - x \tag{4-18}$$

解上两式可得：

$$\alpha = \frac{\alpha_右 + \alpha_左}{2} \tag{4-19}$$

$$x = \frac{\alpha_右 - \alpha_左}{2} \tag{4-20}$$

从式（4-19）可以看出，取盘左、盘右结果的平均值时，指标差 x 的影响已自然消除。将式（4-17）减去式（4-18），可得：

$$x = \frac{R + L - 360°}{2} \tag{4-21}$$

即利用盘左、盘右照准同一目标的读数，可按上式直接求算指标差 x。如果 x 为正值，说明视线水平时的读数大于 90°或 270°，如果为负值，则情况相反。

以上各公式是按顺时针方向注字的竖盘推导的，同理也可推导出逆时针方向注字竖盘的计算公式。

在竖直角测量中，常常用指标差来检验观测的质量，即在观测的不同测回中或不同的目标时，指标差的较差应不超过规定的限值。

4. 竖直角的观测

在测站上安置仪器，用下述方法测定竖直角。

（1）盘左位置：瞄准目标后，用十字丝横丝卡准目标的固定位置，旋转竖盘指标水准管微动螺旋，使水准管气泡居中或使气泡影像符合，读取竖盘读数 L，并记入竖直角观测记录表中，见表 4-6。用所推导好的竖角计算公式，计算出盘左时的竖直角，上述观测称为上半测回观测。

（2）盘右位置：仍照准原目标，调节竖盘指标水准管微动螺旋，使水准管气泡居中，读取竖盘读数值 R，并记入记录表中。用所推导好的竖角计算公式，计算出盘右时的竖角，称为下半测回观测。

上、下半测回合称一测回。

表 4-6　竖直角观测记录表

测站	目标	位置	竖盘读数	半测回竖直角	指标差	一测回竖直角	备 注
O	M	左	59°29′48″	＋30°30′12″	－12″	＋30°30′00″	盘左
		右	300°39′48″	＋30°39′48″			
	N	左	93°18′40″	－3°18′40″	－13″	－3°18′53″	盘右
		右	266°40′54″	－3°19′06″			

（3）计算测回竖直角 α：$\alpha = \dfrac{\alpha_{左} + \alpha_{右}}{2}$ 或 $\alpha = \dfrac{R - L - 180°}{2}$

（4）计算竖盘指标差 x：$x = \dfrac{\alpha_{左} + \alpha_{右}}{2}$ 或 $x = \dfrac{R + L - 360°}{2}$

第五章 工程材料基础

第一节 钢筋、混凝土、砂浆、水泥、砂子、石子、块材等规格型号知识

(一)钢筋

建筑钢材的主要钢种。

钢筋混凝土结构用钢主要品种有热轧钢筋、预应力混凝土用热处理钢筋、预应力混凝土用钢丝和钢绞线等。热轧钢筋是建筑工程中用量最大的钢材品种之一,主要用于钢筋混凝土结构和预应力混凝土结构的配筋。目前,我国常用的普通钢筋见表5-1。

表5-1 常用的普通钢筋

项次	系列	牌号	公称直径范围(mm)	推荐直径(mm)
1	HPB系列	HPB300	6~14	6、8、10、12、14
2	HRB系列	HRB335	6~14	6、8、10、12、14
		HRB400 HRB500	6~50	6、8、10、12、16、20、25、32、40、50
3	HRBF系列	HRBF400 HRBF500		
4	RRB系列	RRB400	6~50	8、10、12、16、20、25、32、40

钢筋外形有光圆和带肋两种,如图5-1所示。带肋钢筋又分为等高肋和月牙肋。HPB300钢筋为光圆钢筋,HRB、HRBF和RRB系列钢筋的外形均为月牙纹。钢丝的外形通常为光圆,也有在表面刻痕的。热轧光圆钢筋强度较低,与混凝土的粘结强度也较低,主要用作板的受力钢筋、箍筋以及构造钢筋。其中的HRB400级钢筋是钢筋混凝土用的主要受力钢筋,是目前工程中常用的钢筋牌号。

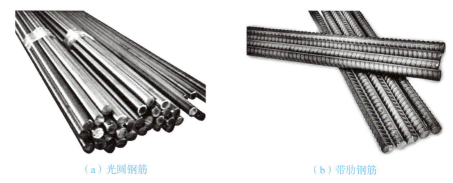

（a）光圆钢筋　　　　　　　（b）带肋钢筋

图 5-1　热轧钢筋

（二）混凝土

1. 混凝土定义

由胶凝材料、粗细骨料（或称集料）和水按适当比例拌合制成的混合物，经一定时间硬化而成的人造石材，统称为混凝土。水泥混凝土是目前最常用的一种混凝土，它是以水泥为胶凝材料、以石为粗骨料、砂为细骨料，加水并掺入适量外加剂或掺合料拌制而成的，简称混凝土或普通混凝土，混凝土的结构如图 5-2 所示。

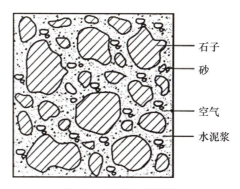

图 5-2　混凝土的结构

2. 混凝土组成材料的技术要求

在混凝土硬化前，水泥浆起润滑作用，并赋予混凝土一定的流动性，便于施工。水泥浆硬化后，能将砂石骨料胶结在一起，使其成为坚硬的人造石材，并产生力学强度。

1）水泥

水泥在混凝土中起胶结作用。正确、合理地选择水泥的品种和强度等级，是影响混凝土强度、耐久性及经济性的重要因素。

配制混凝土用的水泥品种，应当根据工程性质与特点、工程所处环境、施工条件，以及各种水泥的特性等合理选择。水泥强度等级的选择应与混凝土的设计强度等级相适应。经过大量试验和经验总结，现列出表 5-2 所示的配制不同等级混凝土所用水泥的强度等级，以供参考。

表 5-2　配制混凝土所用水泥强度等级

预配混凝土强度等级	所选水泥强度等级	预配混凝土强度等级	所选水泥强度等级
C15~C25	32.5	C50~C60	52.5
C30	32.5，42.5	C65	52.5，62.5
C35~C45	42.5	C70~C80	62.5

2）细骨料

按粒径大小不同，骨料可分为细骨料和粗骨料。粒径在 0.15~4.75mm 之间的岩石颗粒，称为细骨料。

3）粗骨料

粒径大于 4.75mm 的岩石颗粒，称为粗骨料。粗细骨料的总体积占混凝土体积的 70%~80%，普通混凝土常用的粗骨料有碎石和卵石，如图 5-3 所示。由天然岩石或卵石经破碎、筛分而得的粗骨料，称为碎石或碎卵石。岩石由于自然条件作用而形成的粗骨料，称为卵石。

（a）碎石

（b）卵石

图 5-3　粗骨料

4）水

水是混凝土的主要组分之一。拌合混凝土所用水，应具有不影响混凝土的凝结和硬化，不破坏混凝土的强度发展及耐久性，不加快钢筋锈蚀，不引起预应力钢筋脆断，不污染混凝土表面等要求。一般情况下，凡可饮用的水，均可用于拌制和养护混凝土。混凝土拌合及养护用水的水质应符合《混凝土用水标准》JGJ 63—2006 的有关规定。

5）外加剂

混凝土外加剂，是指在混凝土拌合过程中掺入的用以改善混凝土性能的物质。除特殊情况外，掺量一般不超过水泥用量的 5%。

6）矿物掺合料

为改善混凝土性能、节约水泥、调节混凝土强度等级，在混凝土拌合时加入的天然的或人工的矿物材料，称为矿物掺合料。混凝土掺合料分为活性矿物掺合料和非活性矿物掺合料。

3. 混凝土外加剂的种类与应用

1）外加剂的种类

混凝土外加剂的种类繁多。根据国家标准，混凝土外加剂按其主要功能不同，通常可分为以下 4 类。改善混凝土拌合物流变性能的外加剂，如各种减水剂、泵送剂、引气剂等；调节混凝土凝结时间和硬化性能的外加剂，如早强剂、缓凝剂、速凝剂等；改善混凝土耐久性的外加剂，如引气剂、防水剂、防冻剂、阻锈剂等；改善混凝土其他特殊性能的外加剂，如保水剂、膨胀剂、防冻剂、着色剂等。

2）外加剂的选择和使用

（1）外加剂的品种选择

外加剂的品种和品牌很多，其效果各异，特别是对不同品种的水泥，其效果各不相同。因此在选择外加剂时，应根据工程需要和现场的条件，参考有关资料并通过试验来确定。

（2）外加剂掺量的确定

混凝土外加剂均应有适宜掺量。掺量过小，往往达不到预期效果。掺量过大，则会影响混凝土的质量，甚至造成质量事故。因此，应通过试验试配，以确定最佳掺量，操作时应严格按产品技术说明操作。

（三）砂浆

1. 砂浆的种类

建筑砂浆是由无机胶凝材料、细骨料、掺和料、水以及必要时掺入的外加剂等组成的工程材料，如图 5-4 所示。它与混凝土相比，不含有粗骨料，因此，建筑砂浆也常被称为细骨料混凝土。建筑砂浆是建筑工程中用量最大、用途最广泛的建筑材料之一。它被广泛用于砌筑（砖、石、砌块），抹灰（如室内室外抹灰），勾缝（如大型墙板、砖石墙的勾缝），粘结（镶贴石材、粘贴面砖）等方面。

图 5-4 砂浆

砂浆按成分组成，通常分为水泥砂浆、混合砂浆和专用砂浆。

1）水泥砂浆

以水泥、砂和水为主要原材料，也可根据需要加入矿物掺合料等配制而成的砂浆，称为水泥砂浆或纯水泥砂浆。水泥砂浆强度高、耐久性好，但流动性、保水性均稍差，一般用于房屋防潮层以下的砌体或对强度有较高要求的砌体。

2）混合砂浆

以水泥、砂和水为主要原材料，并加入石灰膏、电石膏、黏土膏的一种或多种，也可根据需要加入矿物掺合料等配制而成的砂浆，称为水泥混合砂浆，简称混合砂浆。依掺合料的不同，又有水泥石灰砂浆、水泥黏土砂浆等之分，但应用最广的混合砂浆还是水泥石灰砂浆。水泥石灰砂浆具有一定的强度和耐久性，且流动性、保水性均较好，易于砌筑，是一般墙体中常用的砂浆。

3）砌块专用砂浆

由水泥、砂、水以及根据需要掺入的掺合料和外加剂等组分，按一定比例采用机械拌合制成，专门用于砌筑混凝土砌块的砌筑砂浆，称为砌块专用砂浆。

4）蒸压砖专用砂浆

由水泥、砂、水以及根据需要掺入的掺合料和外加剂等组分，按一定比例采用机械拌合制成，专门用于砌筑蒸压灰砂砖砌体或蒸压粉煤灰砖砌体，且砌体抗剪强度不应低于烧结普通砖砌体取值的砂浆，称为蒸压砖专用砂浆。

2. 砂浆的强度等级

评定砂浆的强度采用试验的方法，将砂浆做成 70.7mm×70.7mm×70.7mm 的立方体试块，按标准养护条件养护至 28 天（温度 20°C±3°C，相对湿度 90% 以上）的抗压强度平均值而确定。在建筑工程中，砂浆强度等级要求见表 5-3。

表5-3 砂浆强度等级要求

砂浆	强度等级
普通砂浆	M15、M10、M7.5、M5、M2.5
砌块专用砂浆	Mb20、Mb15、Mb7.5、Mb5
蒸压砖专用砂浆	Ms15、Ms10、Ms7.5、Ms5

（四）水泥

1. 常用水泥的分类

凡细磨材料与水混合后成为塑性浆体，经一系列物理、化学作用凝结硬化变成坚硬的石状体，并能将砂、石等散粒状材料胶结成为整体的水硬性胶凝材料，统称为水泥。水泥是主要的建筑材料之一，广泛应用于工业与民用建筑、道路、水利和国防工程。作为胶凝材料与骨料及增强材料制成混凝土、钢筋混凝土、预应力混凝土构件，也可配制砂浆。

水泥品种繁多，按其主要水硬性物质的不同，可分为硅酸盐水泥、铝酸盐水泥、硫铝酸盐水泥、铁铝酸盐水泥、氟铝酸盐水泥、磷酸盐水泥等系列。硅酸盐系列水泥按其性能和用途不同，又可分为通用水泥、专用水泥和特性水泥三大类。目前，我国建筑工程中常用的是通用硅酸盐水泥，它是以硅酸盐水泥熟料和适量的石膏及规定的混合材料制成的水硬性胶凝材料。通用硅酸盐水泥代号和强度等级见表5-4。

表5-4 通用硅酸盐水泥代号和强度等级

品种	代号	强度等级
硅酸盐水泥	P·Ⅰ P·Ⅱ	42.5、42.5R、52.5、52.5R、62.5、62.5R
普通硅酸盐水泥	P·O	42.5、42.5R、52.5、52.5R
矿渣硅酸盐水泥	P·S·A P·S·B	32.5、32.5R、42.5、42.5R、52.5、52.5R
火山灰质硅酸盐水泥	P·P	
粉煤灰硅酸盐水泥	P·F	
复合硅酸盐水泥	P·C	42.5、42.5R、52.5、52.5R

2. 常用水泥的特性及应用

常用水泥的特性见表5-5。

表 5-5 常用水泥的特性

水泥	硅酸盐水泥	普通水泥	矿渣水泥	火山灰水泥	粉煤灰水泥	复合水泥
主要成分	硅酸盐泥熟料，0%～5%混合材料，适量石膏	硅酸盐水泥熟料，含量大于5%且小于等于20%，混合材料，适量石膏	硅酸盐水泥熟料，含量大于20%且小于等于70%，粒化高炉矿渣，适量石膏	硅酸盐水泥熟料，含量大于20%且小于等40%，火山灰质混合材料，适量石膏	硅酸盐水泥熟料，含量，大于20%且小于等于40%的煤灰，适量石膏	硅酸盐水泥配熟料，含量大于20%且小于等于50%，两种及两种以上混合材料，适量石膏
特性	1. 强度高； 2. 快硬早强； 3. 抗冻耐磨性好； 4. 水化热大； 5. 耐腐蚀性较差； 6. 耐热性较差	1. 早期强度较高； 2. 抗冻性较好； 3. 水化热较大； 4. 耐腐蚀性较差； 5. 耐热性较差	1. 强度早期低，但后期增长快； 2. 强度发展对温湿度敏感； 3. 水化热低； 4. 耐软水、海水、硫酸盐腐蚀性较好； 5. 耐热性较好； 6. 抗冻、抗渗性较差	1. 抗渗性较好，耐热性不及矿渣水泥、干缩大、耐磨性差； 2. 其他同矿渣水泥	1. 干缩性较小、抗裂性较好； 2. 其他同矿渣水泥	1. 早期强度较高； 2. 其他性能与掺主要混合材料的水泥接近
适用范围	1. 高强度混凝土； 2. 预应力混凝土； 3 快硬早强结构； 4. 抗冻混凝土	1. 一般的混凝土； 2. 预应力混凝土； 3. 地下与水中结构； 4. 抗冻混凝土	1. 水中、地下大体积混凝土； 2. 一般耐热要求的混凝土； 3. 要蒸汽养护的混凝土，耐腐蚀要求的混凝土	1. 地下、水中、抗渗大体积混凝土； 2. 其他同矿渣水泥	1. 地上、地下与水中大体积混凝土； 2. 其他同矿渣水泥	1. 早期强度较高的工程； 2. 其他与掺主要混合材料的水泥类似
不适用范围	1. 大体积混凝土； 2. 易受腐蚀的混凝土； 3. 耐热混凝土、高湿养护混凝土	1. 早期强度要求较高的混凝土； 2. 严寒地区及处在水位升降范围内的混凝土	1. 干燥环境及处在本位变化范围内的混凝土； 2. 有耐磨要求的混凝土； 3. 其他同矿渣水泥	1. 有抗碳化要求的混凝土； 2. 有抗渗要求的混凝土； 3 其他同火山灰质水泥		

在混凝土工程中，根据使用场合、条件的不同，可选择不同种类的水泥，常用水泥的选用见表 5-6。

表 5-6 常用水泥的选用

混凝土工程特点及所处环境		优先使用	可以使用	不得使用
环境条件	在普通气候环境中的混凝土	普通水泥	矿渣水泥、火山灰水泥、粉煤灰水泥	
	在干燥环境中的混凝土	普通水泥	矿渣水泥	火山灰水泥、粉煤灰水泥
	在高温度环境中或永远处在水下的混凝土	矿渣水泥	普通水泥、火山灰水泥、粉煤灰水泥	
	严寒地区的露天混凝土	普通水泥	矿渣水泥	火山灰水泥、粉煤灰水泥
	严寒区域处在水位升降范围内的混凝土	普通水泥（强度等级≥42.5）		火山灰水泥、粉煤灰水泥、矿渣水泥
	受侵蚀性环境水或侵蚀性气体作用的混凝土	根据侵蚀性介质的种类、浓度等具体条件，按专门（或设计）规定选用		
工程特点	厚大体积的混凝土	粉煤灰水泥、矿渣水泥	普通水泥、火山灰水泥	快硬硅酸盐水泥、硅酸盐水泥
	要求快硬的混凝土	快硬硅酸盐水泥、硅酸盐水泥	普通水泥	火山灰水泥、粉煤灰水泥、矿渣水泥
	高强（大于等于C60）的混凝土	硅酸盐水泥	普通水泥、矿渣水泥	火山灰水泥、粉煤灰水泥
	有抗渗要求的混凝土	普通水泥、火山灰水泥		不宜使用矿渣水泥
	有耐磨要求的混凝土	硅酸盐水泥、普通水泥	矿渣水泥	火山灰水泥、粉煤灰水泥

3. 常用水泥的包装及标志

水泥可以散装或袋装，袋装水泥每袋净含量为50kg。水泥包装袋上应标明水泥品种、代号、强度等级、生产者名称、出厂编号、包装日期、净含量等。散装发运时应提交与袋装标志相同内容的卡片。

（五）砂子

砂子的分类及特征、人工砂的概念及特征。

公称粒径小于4.75mm的岩石、尾矿或工业废渣等颗粒称为砂子，如图5-5所示。建设工程中混凝土及其制品和普通砂浆用砂按产源可分为天然砂和机制砂。天然砂是自然生成的，经人工开采和筛分的粒径小于 4.75mm 的岩石颗粒，包括河砂、湖砂、山砂和淡化海砂，但不包括软质岩、风化岩石的颗粒。人工（机制）砂是指经除土处理，由机械破碎、筛分制成的粒径小于 4.75mm 的岩石、矿山尾矿或工业废渣颗粒，也不包括软质、风化的岩石颗粒。人工砂与天然砂相比较，原粒较洁净、富有棱角，但成本较高。一般建设地区缺乏天然砂源，可将人工砂与天然砂混合使用，以充分利用地方资源，降低成本。

图 5-5　砂子

（六）石子

石子的分类及特征。

建筑用粗骨料即石子，按照岩石的地质成因，一般可分为火成岩、沉积岩与变质岩。建筑用石子按形成方式，可分为卵石和碎石。卵石是由自然风化、水流搬运和分选、堆积而成的粒径大于 4.75mm 的岩石颗粒。碎石是由天然岩石或卵石经机械破碎、筛分制成粒径大于 4.75mm 的岩石颗粒。

（七）块材

我国目前的块材主要有砖、砌块和石材。用于砌体结构的砖主要有以下几类。

1. 烧结砖

1）烧结普通砖

烧结普通砖（图 5-6）是以黏土、页岩、粉煤灰、煤矸石等为主要原料，经成型、焙烧而成的实心或孔洞率不大于 15% 的砖。按主要原料，烧结普通砖可分为烧结黏土砖（N）、烧结页岩砖（Y）、烧结煤矸石砖（M）和烧结粉煤灰砖（F）。烧结普通砖公称尺寸为 240mm×115mm×53mm。烧结普通砖按抗压强度分为 MU30、MU25、MU20、MU15、MU10 五个强度等级。

图 5-6 烧结普通砖

2）烧结多孔砖

烧结多孔砖（图 5-7）为大面有竖直孔的直角六面体，其孔洞率大于 15%，孔多而小。使用时，孔洞方向平行于受力方向。烧结多孔砖长、宽、高的公称尺寸有：290mm、240mm、190mm、180mm、140mm、115mm、90mm。按主要原料不同，烧结多孔砖分为黏土砖（N）、页岩砖（Y）、煤矸石砖（M）和粉煤灰砖（F）等。

图 5-7 烧结多孔砖

3）烧结空心砖

烧结空心砖简称空心砖，为顶面有孔洞的直角六面体，其孔洞平行于大面和条面，孔形多为矩形条孔。烧结空心砖的孔洞率在 40% 以上，具有烧结多孔砖的一系列优点，如节约黏土、降低能耗、减轻自重、提高工效、降低成本，以及具有良好的保温隔热功能等，但强度不高，主要用于非承重的填充墙和隔断墙。

2. 非烧结砖

1）蒸压（养）粉煤灰砖

以含二氧化硅为主要成分的天然材料（如砂）或工业废料，配以少量石灰、石膏，经拌制、成型、蒸压或蒸养而成的砖，称为非烧结砖。非烧结砖不经焙烧，因此也叫免烧砖。

蒸压粉煤灰砖又称粉煤灰砖，是以粉煤灰、石灰为主要原料，掺加适量石膏、外加剂、颜料和集料等，经坯料制备、压制成型、高压或常压蒸汽养护而制成的实心砖。粉煤灰砖有彩色和本色两种颜色。粉煤灰砖的规格与烧结普通砖相同，其强度等级分为MU30、MU25、MU20、MU15、MU10。

2）蒸压灰砂砖

蒸压灰砂砖（图5-8）简称灰砂砖，是以石灰和砂子为主要原料，经磨细、计量配料、搅拌混合、压制成形、蒸压养护而制成的空心砖或实心砖。灰砂砖有彩色和本色两种颜色，其规格和烧结普通砖相同。灰砂砖按抗压强度和抗折强度分为MU25、MU20、MU15、MU10四个强度等级。根据尺寸偏差、外观质量、强度及抗冻性分为优等品（A）、一等品（B）、合格品（C）三个质量等级。

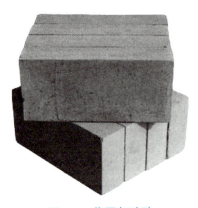

图5-8　蒸压灰砂砖

3）炉渣砖

炉渣砖是以煤燃烧后的残渣为主要原料，掺入适量的石灰和石膏，经加水搅拌混合、压制成型、蒸养或蒸压养护而成的实心砖，其颜色为灰黑色。炉渣砖的规格和烧结普通砖相同，其按抗压强度分为MU25、MU20、MU10三个强度等级。

3. 砌块

砌块是一种比砌墙砖大的新型墙体材料。砌块具有良好的保温隔热效果，尺寸大、砌筑效率高、生产周期短、工艺简单，生产过程中可以充分利用工业废渣和地方资源，而不破坏耕地，有利于环保。因此，近年来在建筑领域砌块的应用越来越广。砌块的外形一般为直角六面体，也有异形的，砌块分类见表5-7。

1）普通混凝土小型空心砌块

混凝土小型砌块是以水泥、矿物掺合料、砂、石、水等为原材料，经搅拌、振动成型、养护等工艺制成的小型砌块，有空心砌块和实心砌块两种，空心砌块如图 5-9 所示。其中，空心砌块的空心率为 25%～40%。普通混凝土小型空心砌块的规格尺寸以 mm 计，其长度尺寸为 390，宽度尺寸有 90、120、140、190、240 和 290，高度尺寸有 90、140 和 190。

表 5-7 砌块分类

按尺寸（mm）分类	按密实情况分类		按主要原材料分类
大型砌块（主规格高度＞980）	实心砌块		普通混凝土砌块
中型砌块（主规格高度 380～980）	空心砌块	空心率＜25%	轻集料混凝土砌块
		空心率＜25%～40%	粉煤灰硅酸盐砌块
小型砌块（主规格高度 115～380）	多孔砌块（300～900kg/m³）		煤矸石砌块
			蒸压加气混凝土砌块

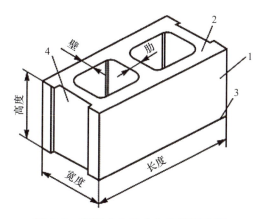

图 5-9 混凝土小型空心砌块示意图

1—条面；2—座浆面（肋厚较小的面）；3—铺浆面（肋厚较大的面）；4—顶面

2）轻集料混凝土小型空心砌块

轻集料混凝土小型空心砌块是由陶粒、浮岩、膨胀珍珠岩、煤渣、火山渣等各种轻粗细集料、掺合料、外加剂、水泥等按一定比例混合，经搅拌、成型、养护而成的。轻集料混凝土小型空心砌块的孔的排数有单排孔（1）、双排孔（2）、三排孔（3）和四排孔（4），其空心率大于 25%。轻集料混凝土小型空心砌块的主规格为 390mm×190mm×190mm，其强度等级有 MU2.5、MU3.5、MU5.0、MU7.5 和 MU10.0 共 5 个等级。

3）粉煤灰砌块

粉煤灰砌块也称为粉煤灰硅酸盐砌块，是以粉煤灰、石灰、石膏和骨料为原料，按一定比例经加水搅拌、振动成型、蒸汽养护而制成的密实砌块。粉煤灰砌块的主规格外形尺寸为 880mm×380mm×240mm 和 880mm×430mm×240mm，按其立方体的抗压强度分为 MU10 和 MU13 两个强度等级，按其尺寸偏差、外观质量、干缩性能分为一等品（B）和合格品（C）两个质量等级。

4）蒸压加气混凝土砌块

蒸压加气混凝土砌块是以钙质材料（如水泥、石灰）和硅质材料（如砂子、粉煤灰、矿渣）为原料，并加入铝粉作加气剂，经加水搅拌、浇筑成型、发气膨胀、预养切割，再经高压蒸汽养护而成的多孔轻质块体材料。砌块的规格尺寸以 mm 计，其长度尺寸为 600，宽度尺寸有 100、120、125、150、180、200、240、250、300 共 9 种，高度尺寸有 200、240、250 和 300 共 4 种规格。

4. 石材

砌筑用石有毛石和料石两类。毛石分为乱毛石和平毛石。乱毛石是指形状不规则的石块。平毛石是指形状不规则，但有两个平面大致平行的石块。毛石应呈块状，其中部厚度不宜小于 150mm。料石（图 5-10）按其加工面的平整程度分为细料石、粗料石和毛料石三种。石材的强度等级分为 MU100、MU80、MU60、MU50、MU40、MU30、MU20、MU15 和 MU10。

图 5-10　料石

第二节　水管、线管、电线、电缆、桥架、配电箱等规格型号知识

（一）水管

1. 水管的分类

建筑给水排水工程包括给水、排水、热水、消火栓、自动喷淋等常用系统，其管

道当中流动的是水。水管是建筑中重要的供水管道，按照应用范围可分为给水管和排水管两大类。

2. 给水管及附件

建筑内部常用给水管材有钢管、铜管、铸铁管、塑料管及复合管材。但必须注意：生活用水的给水管必须是无毒的。各种类型的给水管如图 5-11 所示。

（a）钢管　　　　（b）铜管　　　　（c）铸铁管　　　　（d）塑料管　　　　（e）复合管

图 5-11　各种类型的给水管

1）钢管

钢管主要有焊接钢管和无缝钢管两种，焊接钢管又分为镀锌钢管和不镀锌钢管。钢管镀锌的目的是防锈防腐，不使水质变坏，延长使用年限。规格以公称直径（也称公称口径、公称通径）表示，即用字母 DN 其后附加公称直径数值（内径）。例如 DN40，则表示公称直径为 40mm，常用钢管规格为 DN15、DN20、DN25、DN32 等。无缝钢管则以外径乘以壁厚来表示规格。

2）铜管

铜管具有耐腐蚀、消菌等优点，可以有效防止卫生洁具被污染，且光亮美观，豪华气派。铜管接口的方式有螺纹卡套连接、焊接（有内置锡环焊接配件、内置银合金环焊接配件、加添焊药接配件）和自锁卡簧式等连接方式。目前其连接配件、阀门等也是配套出厂，但由于造价较高，多在宾馆等较高级的建筑中采用。

铜管的规格型号并没有绝对标准，型号特别多，一般是通过外径乘以壁厚来划分为小型号、中型号、大型号。如图 5-12 所示。

图 5-12　铜管

3）铸铁管

铸铁管按其材质分为球墨铸铁管和普通灰口铸铁管，按其浇注形式分为砂型离心铸铁管和连续铸铁直管。铸铁管具有耐腐蚀性强、使用期长、价格较低等优点，缺点是性脆、长度小、质量大。铸铁管一般用公称直径表示，公称直径为75～1200mm，常见的有DN50、DN75、DN100、DN125、DN150、DN200等。直管段长度有4m、5m、6m，按壁厚分为LA、A、B三个等级。砂型离心灰口铸铁管公称直径为200～1000mm，有效长度为5m和6m，按壁厚分为P、G两级。如图5-13所示。

图5-13　铸铁管

4）塑料管

塑料管按制造原料的不同，可分为硬聚氯乙烯给水管（UPVC管）、聚乙烯给水管（PE管）和工程塑料给水管（ABS管）等。塑料管的共同特点是质轻、管内壁光滑、流体擦阻力小、使用寿命长。近年来发展很快，逐步成为建筑给水的主要管材。

（1）硬聚氯乙烯给水管（UPVC管）

UPVC管抗腐蚀力强、技术成熟、易于黏合、价格低廉、质地坚硬，但在高温下有单体和添加剂渗出，只适用于输送温度不超过45℃的给水系统。UPVC管材分三种形式：平头管材、粘接承口端管材和弹性密封圆口端管材，其基本连接方式有螺纹连接（配件为注塑制品）、焊接（热空气焊、热熔焊、电熔焊）、法兰连接、螺纹卡套压接、承插接口、粘接等。

（2）聚乙烯给水管（PE管）

PE管耐腐蚀且韧性好，又分为HDPE管（高密度聚乙烯管）、LDPE管（低密度聚乙烯管）和PEX管（交联聚乙烯管），常用连接方式有热熔套接或对接、电熔连接和带密封圈塑料管件连接，有的也采用法兰连接。

（3）聚丙烯管（PP管）

聚丙烯管具有密度小、力学均衡性好、耐化学腐蚀性强、易成型加工、热变形温度高等优点，其基本连接方式为热熔承插连接，局部采用螺纹接口配件与金属管件。

（4）聚丁烯管（PB 管）

PB 管质量很轻，具有独特的抗蠕变（冷变形）性能，基本连接方式为热熔，局部采用螺纹接口配件与金属管件、附件连接。

（5）工程塑料给水管（ABS 管）

ABS 管质轻、具有较高的耐冲击强度。

塑料管管径表示分内径和外径两种，分别是 DN×× 代表内径和 De×× 代表外径。常见的塑料给水管规格有：DN15、DN20、DN25、DN32、DN40、DN50 等。如图 5-14 所示。

图 5-14　常见塑料给水管

5）复合管

复合管分衬塑和涂塑两大系列。第一系列为衬塑的钢塑复合管，兼有钢材强度高和塑料耐腐蚀的优点，但需在工厂预制，不宜在施工现场切割。第二系列为涂塑钢管，是将高分子粒末涂料均匀地涂敷在金属表面经固化或塑化后，在金属表面形成一层光滑、致密的塑料涂层，它也具备第一系列的优点。

复合管一般用公称直径表示，常见的有 DN15、DN20、DN25、DN32、DN40、DN50 等。如图 5-15 所示。

（a）钢塑复合管　　　　（b）衬塑复合管　　　　（c）钢丝网骨架复合管

图 5-15　复合管种类

6）给水管件

管件是指在管道系统中起连接、变径、转向、分支等作用的零件，又称管道配件。各种不同管材有相应的管道配件。管道配件有带螺纹接头（多用于塑料管、钢管）、带法兰接头和带承插接头（多用于铸铁管、塑料管）等几种形式。

管道附件

管道附件是给水管网系统中调节水量和水压、控制水流方向、关断水道等各类装置的总称，可分为配水附件和控制附件两类。

① 配水附件

配水附件主要用以调节和分配水流，常用配水附件如图 5-16 所示。

（a）截止阀　　　（b）球形阀　　　（c）旋塞式配水龙头　　　（d）混合配水龙头

图 5-16　配水附件

② 控制附件

控制附件用来调节水量和水压以及关断水流等，如截止阀、闸阀、止回阀、浮球阀和安全阀等。常用控制附件如图 5-17 所示。

（a）蝶阀　　　（b）止回阀　　　（c）浮球阀　　　（d）液压水位控制阀　　　（e）安全阀图

图 5-17　控制附件

③ 水表

水表是一种计量建筑物或设备用水量的仪表。

A. 水表的种类

水表分为流速式和容积式两种。建筑给水系统广泛使用的是流速式水表，它是根据管径一定时，水流速度与流量成正比的原理来测量用水量的。流速式水表按叶轮构造不同分为旋翼式和螺翼式，如图 5-18 所示。

B. 水表的选择

一般情况下，公称直径小于或等于 50mm 时应采用旋翼式水表；公称直径大于 50mm 时应采用螺翼式水表。当通过流量变化幅度很大时，应采用复式水表。计量热水时，宜采用热水水表。一般应优先采用湿式水表。

按经验，新建住宅分户水表的公称直径一般可采用 15mm，但如住宅中装有自闭式大便冲洗阀时，为保证必要的冲洗强度，水表的公称直径不宜小于 20mm。

（a）旋翼式　　　　　　　（b）螺翼式

图 5-18　水表

7）选择给水管材时应考虑的因素

（1）管道承受内压和外荷载强度。（2）管道耐腐蚀性能。（3）管道使用年限。（4）管道运输、施工和安装难易程度。（5）管道内壁光滑程度。（6）管道价格。

3. 排水管及附件

1）塑料管

目前在建筑内使用的排水塑料管是硬聚氯乙烯塑料管（UPVC 管）。其具有良好的化学稳定性和耐腐蚀性，重量轻、内外表面光滑、不易结垢、容易切割等特点，采用承插粘接。但塑料管也有强度低、耐温性差、立管产生噪声、易老化、防火性能差的缺点。目前市场供应的塑料管有实壁管、芯层发泡管、螺旋管等。排水塑料管规格见表 5-8。

表 5-8　建筑排水用硬聚氯乙烯塑料管规格

公称直径（mm）	40	50	75	100	150
外径（mm）	40	50	75	110	160
壁厚（mm）	2.0	2.0	2.3	3.2	4.0
参考质量（kg/m）	0.341	0.431	0.751	1.535	2.803

2）铸铁管

常用的排水铸铁管是离心铸铁管，管壁薄而均匀，重量轻，采用不锈钢带、橡胶密封圈、卡紧螺栓连接。具有安装更换管道方便、美观的特点，但是造价较高。

3）焊接钢管

焊接钢管主要用于洗脸盆、小便器、浴盆等卫生器具与横支管间的连接短管，管径一般为 32mm、40mm、50mm。无缝钢管用于检修困难、机器设备振动较大的地方的管段及管道压力较高的非腐蚀性排水管。通常采用焊接或法兰连接。

4）钢筋混凝土管

钢筋混凝土管用于排水管和井管，按尺寸分为小直径管（内径400mm以下）、中直径管（400～1400mm）和大直径管（1400mm以上）。各种排水管如图5-19所示。

（a）塑料管　　　　　（b）钢管　　　　　（c）离心铸铁管　　　（d）钢筋混凝土管

图5-19　排水管

5）排水附件

（1）存水弯

存水弯是建筑内排水管道的主要附件之一，有的卫生器具构造内已有存水弯（例如坐式大便器），工业废水受水器与生活污水管道或其他可能产生有害气体的排水管道连接时，必须在排水口以下设存水弯。其作用是在其内形成一定高度的水柱（一般为50～100mm），该部分存水高度称为水封高度，它能阻止排水管道内各种污染气体以及小虫进入室内。为了保证水封正常功能的发挥，排水管道的设计必须考虑配备适当的通气管。常见存水弯形式如图5-20所示。

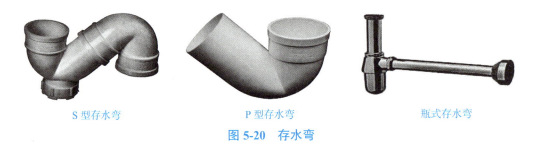

S型存水弯　　　　　　　P型存水弯　　　　　　　瓶式存水弯

图5-20　存水弯

（2）检查口和清扫口

为了保持室内排水管道排水畅通，必须加强经常性的维护管理，在设计排水管道时做到每根排水立管和横管一旦堵塞时有便于清掏的可能，因此在排水管规定的必要场所均需配检查口和清扫口。如图5-21所示。

（3）地漏

地漏通常装在地面须经常清洗或地面有水须排泄处，如淋浴间、水泵房、盥洗间、卫生间等装有卫生器具处。地漏的用处很广，是排水管道上可供独立使用的附件，不但具有排泄污水的功能，装在排水管道端头或管道接点较多的管段可代替地面清扫口起到清掏作用。

检查口

清扫口

图 5-21　检查口和清扫口

地漏安装时，应放在易溅水的卫生器具附近的地面最低处，一般要求其箅子顶面低于地面 5～10mm。地漏的形式如图 5-22 所示。

（a）高水封地漏

（b）多用地漏

（c）防回流地漏

图 5-22　不同形式的地漏

6）选择排水管材时应考虑的因素

（1）应有足够的强度以承受外荷载的内部水压。（2）应具有抵抗污水中固体杂质的冲刷和磨损的性能。（3）应具有抗腐性能。（4）管道内壁光滑，不透水。（5）尽量就地取材。

（二）线管

1. 线管的分类

电线不能够直接敷设在地面或墙壁上，为了保护电线，埋墙必须穿线管，线管全称为建筑用绝缘电工套管。线管是导线暗敷时用得最多的材料，可分为塑料穿线管、金属类穿线管、陶瓷管类穿线管。

1）塑料穿线管

塑料穿线管是以塑料为材质而制造的穿线管，具有绝佳的防漏电性能。常见的规格如下：

（1）PVC 塑料穿线管（硬管）

PVC 穿线管一般用在建筑物内，可预埋在墙壁的线管槽中，还可以明装于室内及吊顶等场所。PVC 穿线管有 DN16、DN25、DN32、DN40、DN50 等多个规格。如图 5-23 所示。其中照明电线多使用 DN16 的穿线管，室内主电线多使用 DN25 的穿线管，进户线多使用 DN32 穿线管等。大的穿线管可用 PVC 排水管的 50、75、110 规格。PVC 穿线管具有抗压性好、耐腐蚀性能好、阻燃性好、绝缘性好、施工方便等优点。

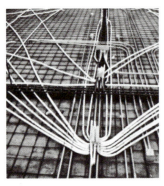 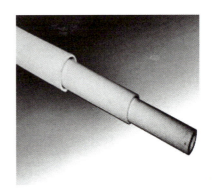

图 5-23　PVC 塑料电线管

（2）PE 穿线管（成卷软管）

PE 穿线管抗挤压，一般用在墙体内部。如图 5-24 所示。

图 5-24　PE 穿线管（成卷软管）

（3）塑料波纹管（阻燃波纹管、线束套管、高密度波纹管、耐高温护套管等）

这类穿线管直径较大，一般用于多条电线。如图 5-25 所示。

图 5-25　塑料波纹管

2）金属管类

金属管类一般用作电线、电缆、自动化仪表信号的电线电缆保护管，具有良好的柔软性、耐蚀性、耐高温、耐磨损，抗拉性好。金属穿线管按照材质和工艺分为KBG（国标扣压式）管、JDG（套接紧定式）管、碳钢穿线管和金属蛇皮管，如图5-26所示。

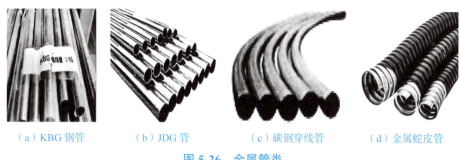

（a）KBG钢管　　　（b）JDG管　　　（c）碳钢穿线管　　　（d）金属蛇皮管

图5-26　金属管类

（1）KBG管

KBG管采用优质薄壁板材加工而成，双面冷镀锌全方位360°保护。管与管件连接不需再跨接地线，是针对吊顶，明装等电气线路安装工程而研制。KBG管厚度也有普通型（1mm）和标准型（1.2mm）两种，标准型适合在预埋铺设和吊顶内铺设，普通型仅适合在吊顶内铺设，有$\phi16$、$\phi20$、$\phi25$、$\phi32$、$\phi40$、$\phi50$等规格。

（2）JDG管

JDG管是一种电气线路最新型保护用导管。连接套管及其金属附件采用螺钉紧定连接技术组成的电线管路，无需做跨接地，焊接和套丝，外观为银白色或黄色。JDG管有$\phi16$、$\phi20$、$\phi25$、$\phi32$、$\phi40$、$\phi50$六种规格。

（3）碳钢穿线管

碳钢穿线管通常在工业与民用建筑、安装机器设备等电气安装工程中使用，其主要的使用目的是保护电线。碳钢穿线管具有良好的抗压性，能够大幅度减少焊接时造成的线管伤害，尽量保护穿线管的完整和美观以及实用性。

（4）金属蛇皮管（镀锌蛇皮管、包塑金属蛇皮管、不锈钢蛇皮管）

金属蛇皮管是使用金属材质，外形如同蛇皮的一类穿线管，它具有一定的柔韧性、抗压性以及抗拉性。

3）陶瓷管

陶瓷管是使用陶瓷为材质制造的穿线管，具有十分优良的绝缘性和抗腐蚀性，也不容易在环境中老化。如图5-27所示。陶瓷套管一般用在室内，且一般是小部件，陶瓷管抗压性比较差，不适宜使用过长或过大部件。应用于电器绝缘材料，开关柜内母排和户外母排的保护。杜绝老鼠、蛇等小动物引起的短路故障。

图 5-27 陶瓷管类

2. 线管的选择

（1）潮湿场所和直埋地下的电线保护管，应采用厚壁钢管或防液型可挠金属电线保护管。

（2）干燥场所的电线保护管宜用薄壁钢管或可挠金属电线保护管。塑料管不应敷设在高温和易受机械损伤的场所。保护电线用的塑料管及其配件必须有阻燃标记和制造厂标。

（3）金属软管应敷设在不易受机械损伤的干燥场所，且不应直埋地下或混凝土中。电源、电话、电视线路应采用阻燃型塑料管暗敷。

（4）阻燃PVC塑料管因具有价格比金属管便宜、施工方便、不会生锈等优点，所以家庭装潢中暗敷大多采用这种塑料管。

（三）电线

1. 电线的组成及规格

电线是指传输电能的导线。电线是由一根或几根柔软的导线组成，外面包以轻软的保护层。有实心的、绞合的或箔片编织的等各种形式。按绝缘状况分为裸电线和绝缘电线两大类。

1）裸电线

裸电线是不包任何绝缘或保护层的电线。除作为传输电能和信息的导线外，还可用于制造电机、电器的构件和连接线。一般用铜、铝、铜合金、铝合金以及铜包钢、铝包钢等复合金属材料制作。如图5-28所示。

2）绝缘电线

绝缘电线是外面包覆绝缘层的电线，如图5-29所示。按用途分为电磁线和通用绝缘电线。绝缘电线通常指通用绝缘电线，包括各种连接线、安装线。电磁线则特指制作线圈或绕组的绝缘电线。通用绝缘电线分为3种。

图 5-28　裸电线

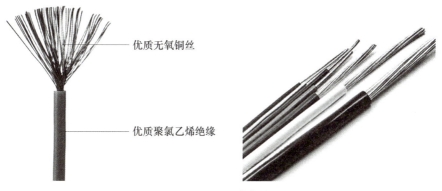

图 5-29　绝缘电线

（1）橡皮或塑料绝缘电线

用天然橡胶、丁苯橡胶和氯丁橡胶以及聚氯乙烯塑料等作绝缘层，导电线芯以铝线为主。普通橡皮绝缘电线还常用棉纱、玻璃纤维或合成纤维包裹浸以沥青漆作机械保护之用。这种电线广泛用于交流 500V 以下和直流 1000V 以下的各种电工设备和动力、照明线路。

（2）橡皮塑料绝缘软线

线材柔软，可多次弯折，外径小而重量轻。用于各种交直流移动式电器、电工仪表、电信设备及自动化装置，也用于日用电器和照明灯线路。

（3）塑料绝缘屏蔽线

在绝缘电线或绝缘软线的绝缘外，再包绕一层金属箔或编织一层金属丝构成屏蔽层，将屏蔽层接某一固定电位，就可以减少外界电磁波对电线内电流的干扰，同时也减少电线内电流产生的电磁场对外界的影响。主要用于要求防止相互干扰的线路中。

2. 电线与电缆的区分

电线和电缆并没有严格的界限。通常将芯数少、产品直径小、结构简单的产品称为电线，没有绝缘的称为裸电线，其他的称为电缆。导体截面积较大的（大于6mm^2）

称为大电线，较小的（小于或等于6mm^2）称为小电线。

电线的导线一般是一根或者多根，外面包裹了柔软的护层，电缆则是用一根或者多根绝缘层包导线组合而成的，外层还包裹了橡皮或者金属制成的外层。因此，电线比电缆柔软。电缆占地空间少，且线间绝缘距离差别不大，在地下敷设而不会占用地面以上的空间，不受周围环境污染所影响，送电安全可靠。

电线作为承载电流的导电类线材，按形式可分为有绞合、实心、箔片编织等。电缆由相互绝缘的导电线置于护套中构成。主要用于传输、分配或传送电信号。

3. 常用电线型号规格及用途

常用的绝缘导线见表5-9。

表5-9 常用的绝缘导线

型号	名称	用途
BX（BLX）	橡胶铜（铝）芯线	适用于交流500V及以下、直流1000V及以下的电气设备和照明设备
BXR	橡胶铜（铝）芯线	
BV（BLV）	聚氯乙烯铜（铝）芯线	适用于电压在450～750V及以下的交流电动力装置、电器仪表等设备用的电线
BVR	聚氯乙烯铜芯软线	线特别柔软，所以常被用于电力拖动和电机的连接及电线常有移动的场合
BVV（BLVV）	聚氯乙烯绝缘及护套铜（铝）芯线	适用于各种设备、动力、照明的线路固定敷设
RVB	聚氯乙烯平行铜芯软线	适用于各种交直流电器、电工仪器、小型电动工具、家用电器装置连接
RVS	聚氯乙烯绞型铜芯软线	
RV	聚氯乙烯铜芯软线	工作电压交流250V，直流500V，用作仪器和设备的内部接线
RVV	聚氯乙烯绝缘及护套铜芯软线	工作电压交流500V，直流1000V，用于潮湿、机械防护要求高、经常移动和弯曲的场合

注：BV-0.5kV-1.5mm^2，表示塑料铜芯线，额定电压500V，截面1.5mm^2。BVV-0.5kV-2×1.5mm^2，表示塑料护套铜芯线，额定电压500V，2芯，截面1.5mm^2。家庭用电源线宜采用BVV2×2.5和BVV2×1.5型号的电线。分别代表2芯2.5mm^{2}和2芯1.5mm^2。一般情况下，BVV2×2.5做主线、干线，BVV2×1.5做单个电器支线、开关线。单向空调专线用BVV2×4，另配专用地线。

4. 选择电线的标准

（1）进户线由配电箱引入，选择时，一定要选择载流量大于等于实际电流量的绝缘线（硬铜线），不能采用花线或软线（护套线），暗敷在管内的电线不能采用有接头的电线，必须是完整的电线。为了防火、维修和安全，家装电线规格最好选用带标志的单股铜芯电线，在单相两线制、单相三线制家用供配电电路中，零线横截面积和相线（铜线横截面积不大于 16mm²，铝线横截面积不大于 25mm²）的横截面积应相同。

家装用照明、插座、开关等强电线材大多选用铜芯塑料绝缘导线。导线横截面积的选择为：进户线 6～10mm² 铜芯线；照明支路 2.5mm² 铜芯线；厨房支路 4mm² 铜芯线；卫生间支路 4mm² 铜芯线；10A 插座 2.5mm² 铜芯线；空调支路 4mm² 或 6mm² 铜芯线；插座线 4mm² 铜芯线；空调挂机插座线 4mm² 铜芯线；大功率空调柜机插座线 6mm² 的铜芯线。家用电线常见规格如图 5-30 所示。

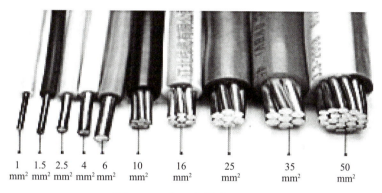

图 5-30　家用电线常见规格

（2）不同颜色电线有不同用途。家庭供电用电线路中所使用导线的颜色应该保持一致，即相线使用红色导线，零线使用蓝色导线，地线使用黄、绿色导线。

（3）负载能力强。家庭中的用电量时大时小，最大的时候开着电视、空调、电脑、灯、饮水机、冰箱、吹风等。如果电线的负载能力不强的话，又加上炎热的夏天，很容易会让电线因为高温而燃烧，导致火灾。

（4）防水性能好。如果电线外表很容易变形裂口，某处出现漏水，会导致电器烧坏，短路甚至引发火灾和人员伤亡。所以一定要选用外皮坚硬，防水性能好的电线。

（5）主线一定要是粗芯。所谓主线就是指总电源到所有电器之间的主导线。主线用粗铜芯线，因为主线负载着各个电器的电荷量，需要性能卓越的粗铜线，旁路可以选择多芯线。

（6）标准的产品合格证上应标明制造厂名称、地址、售后服务电话、型号、规格结构、截面、额定电压、长度、检验员工号、制造日期以及该产品国家标准编号或认证标志，如图 5-31 所示。

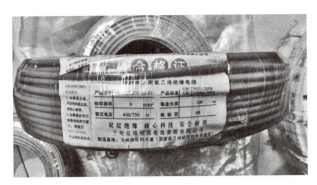

图 5-31　电线合格证

（四）电缆

1. 电缆的类型

由几根或几组导线（每组至少两根）绞合而成的类似绳索的电缆，每组导线之间相互绝缘，并常围绕着一根中心扭成，整个外面包有高度绝缘的覆盖层。电缆具有内通电，外绝缘的特征。如图 5-32 所示。

图 5-32　不同类型的电缆

电缆按用途分有电力电缆、通信电缆、控制电缆和信号电缆等。按绝缘材料分有纸绝缘电缆、橡胶绝缘电缆、塑料绝缘电缆等。电缆还分为阻燃电缆和耐火电缆。电缆的结构主要有三个部分，即线芯、绝缘层和保护层，保护层又分为内保护层和外保护层。电气工程中应用最广泛的是电力电缆。

2. 电缆的规格型号

1）电力电缆是用以传输和分配电能的产品。主要用在输变电线路中，工作电流在几十安至几千安，额定电压在 220V～500kV 及以上。

常用的电力电缆，按其线芯材质分为铜芯和铝芯两大类。常用的电力电缆型号及名称见表 5-10。

表 5-10　常用的电力电缆型号及名称

型号	名称
VV/VLV	聚氯乙烯绝缘聚氯乙烯护套铜芯／铝芯电力电缆
YJV	交联聚乙烯绝缘聚氯乙烯护套铜芯电力电缆
YJV22	交联聚乙烯绝缘聚氯乙烯护套内钢带铠装铜芯电力电缆
YJFE	交联聚乙烯绝缘聚氯乙烯护套细（粗）钢丝铠装铜芯电力电缆
YJV32（42）	交联聚乙烯绝缘聚氯乙烯护套铜芯电力电缆
YJY	辐照交联聚乙烯绝缘聚烯烃护套铜芯电力电缆

例如：YJV22-0.6/1-3×95＋1×50 表示交联聚乙烯绝缘聚氯乙烯护套内钢带铠装铜芯电力电缆，额定电压 0.6/1kV，3 芯 95mm^2＋1 芯 50mm^2。

例如：YJY-26/35-3×240，表示交联聚乙烯绝缘聚乙烯护套铜芯电力电缆，额定电压 26/35kV，3 芯 240mm^2。

（1）阻燃电缆

阻燃电缆是指残焰或残灼在限定时间内能自行熄灭的电缆。阻燃电缆被燃烧时能将火焰的蔓延控制在一定范围内，可以避免因电缆着火延燃而造成的重大灾害，从而提高电缆线路的防火水平。

（2）耐火电缆

耐火电缆是指在火焰燃烧情况下能够保持一定时间安全运行的电缆，如图 5-33 所示。耐火电缆广泛应用于高层建筑、地铁、地下商场、大型电站及重要的工矿企业等与防火安全和消防救生有关的场所。

（3）氧化镁电缆

氧化镁电缆是由铜芯、铜护套、氧化镁绝缘材料加工而成的，如图 5-34 所示。

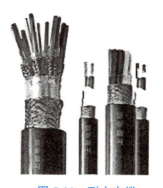

图 5-33　耐火电缆

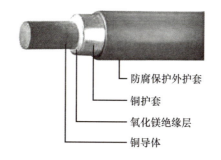

图 5-34　氧化镁电缆构造

（4）分支电缆

分支电缆是按设计要求，由工厂预先将分支线制造在主干电缆上，分支线截面和长度是根据设计要求决定的,极大缩短了施工周期,大幅度减少了材料费用和施工费用,保证了配电的安全性和可靠性。可以广泛应用在住宅楼、办公楼、商务楼、教学楼、科研楼等各种中高层建筑中,作为供配电的主、干线电缆使用。

(5)铝合金电缆

铝合金电缆不同于传统的铝芯电缆,它是国内一种新颖的电缆,电缆的结构形式主要有非铠装和铠装的、带 PVC 护套和不带 PVC 护套的,其芯线则采用高强度、抗蠕变、高导电率的铝合金材料,如图 5-35 所示。

图 5-35 铝合金电缆

2)控制电缆

控制电缆用于电气控制系统和配电装置的二次系统。二次电路的电流较小,芯线截面通常在 10mm^2 以下,控制电缆的线芯多采用铜导体,其芯线组合有同心式和对绞式,如图 5-36 所示。

图 5-36 控制电缆

3)仪表电缆

(1)仪表用电缆,如 YVV、YVVP 等,适用于仪器仪表及其他电气设备中的信号传输及控制线路。

(2)阻燃仪表电缆,具有防干扰性能高,电气性能稳定,能可靠地传送数字信号和模拟信号,兼有阻燃等特点,所以广泛应用于电站、矿山和石油化工等部门的检测和控制系统。

3. 选择电缆的标准

（1）检查电缆线是否有产品合格证、型号规格、检验、制造日期、厂名、厂址、电话等标识。电线电缆产品是国家强制安全认证产品，在合格证或产品上有"CCC"认证标志。选购时注意包装要精美，印刷要清晰齐全。

（2）电线电缆产品外观符合标准要求，光滑圆整，色泽均匀。

（3）检查电缆的导体。检查导体的光泽、直流电阻、导体结构尺寸等。

（4）测量电缆的长度。测量长度是区别符合国家标准要求和假冒劣质产品主要直观的方法。不要选购没有长度标识的电线电缆，长度一定要符合100m±0.5m标准要求，即以100m为标准，允许误差0.5m。

（5）选用电线电缆时，要考虑用途、敷设条件及安全性。

（6）电线电缆的使用规格（导体截面），一般应考虑发热、电压损失、经济电流密度、机械强度等选择条件。

（五）桥架

1. 桥架的作用

桥架是一种安装在建筑物内或外的用于承载、保护和管理电力电缆、通信设备、管道等线路的结构支撑系统。

2. 桥架的分类及规格

桥架由支架、托臂和安装附件等组成，主要有以下类别（图5-37）。

（a）梯级式　　　（b）槽式　　　（c）托盘式　　　（d）大跨距　　　（e）组合式

图5-37　各种不同类型的桥架

（1）梯级式电缆桥架

梯级式电缆桥架一般适用于直径较大电缆的敷设，适合于高、低压动力电缆的敷设。梯式电缆桥架型号的字母表示方式是：（T）开头。梯式电缆桥架常用的规格有：200mm×100mm、300mm×100mm、400mm×100mm等，也可以让厂家按需要的尺寸规格定制。

（2）托盘式电缆桥架

托盘式电缆桥架具有重量轻、载荷大、造型美观、结构简单、安装方便等优点。它既适用于动力电缆的安装，也适用于控制电缆的敷设。托盘式电缆桥架型号的字母表示方式是：（P）开头。托盘式电缆桥架规格有 100mm×50mm、100mm×100mm、200mm×100mm、300mm×100mm、300mm×150mm、400mm×100mm 等。

（3）槽式电缆桥架

槽式电缆桥架是一种全封闭型电缆桥架，它最适用于敷设计算机电缆、通信电缆、热电偶电缆及其他高灵敏系统的控制电缆等，对控制电缆屏蔽干扰和重腐蚀环境中电缆的防护都有较好效果。槽式电缆桥架型号的字母表示方式是：（C）开头。槽式电缆桥架规格一般为 50～1200mm。槽式电缆桥架规格尺寸表示方式：（宽×高×厚度），例如 50mm×50mm×0.8mm、100mm×50mm×1.0mm 等。

（4）大跨距电缆桥架

大跨距电缆桥架是一种较一般电缆桥架支撑跨度大，且由于结构上设计精巧，又比一般电缆桥架具有承载能力大等特点的桥架，所以它不仅适用于炼油、化工、纺织、机械、冶金、电力、电视、广播等工矿企业的室内外电缆架空的敷设，也可作地铁、人防工程的电缆沟和电缆隧道内支架等。大跨距桥架代号为 DJ，DJ 型大跨距汇线桥架可分为梯级式、托盘式、槽式，分别用 T、P、C 表示。例如：DJ-T-10-4、DJ-P-15-4、DJ-C-15-4 等。

（5）组合式电缆桥架

组合式电缆桥架是一种最新型桥架，是电缆桥架系列中的第二代产品，它适用于各项工程、各个单位、各种电缆的敷设，具有结构简单、配置灵活、安装方便、形式新颖等优点。组合式桥架只要采用宽 100mm、150mm、200mm 的三种基型就可以组成所需要尺寸的电缆桥架，它不需生产弯通、三通等配件就可以根据现场安装任意转向、变宽、分支、引上、引下。组合式桥架代号为 ZH。

（六）配电箱

1. 配电箱的用途及类别

1）配电箱的用途

配电箱是按电气接线要求将开关设备、测量仪表、保护电器和辅助设备组装在封闭或半封闭金属柜中或屏幅上，构成的低压配电装置。

2）配电箱的类别及规格

配电箱的种类很多，可按不同的方法分类。按用途可分为：照明配电箱、动力配电箱、计量电表箱、插座箱和控制箱。按结构可分为：板式、箱式和落地式。按安装方式可分为：明装、暗装和半暗装等不同形式。按使用场所可分为：户内式和户外式。同时，国内生产的照明配电箱、动力配电箱还分为：标准式和非标准式两种。其中标准式已成为定型产品，有许多厂家生产这种设备。各种类型的配电箱如图5-38所示。

（1）照明配电箱

照明配电箱内元件分为线路及电器两部分。

（a）照明配电箱　　　　　（b）PZ30家用配电箱　　　　　（c）动力配电箱

图5-38　各种类型的配电箱

室内照明配电箱分为明装、暗装和半暗装三种形式。采用半暗装是由于箱的厚度超过墙的厚度，而又要求操作方便。暗装或半暗装配电箱的下端距地一般为1.4m，布置电器时箱内须操作的电器手柄距地不宜大于1.8m。明装照明配电箱下端距地一般为1.8m以上，以减少被碰撞的可能，但操作较困难，故尽量不采用。配电箱的技术参数见表5-11。

表5-11　照明配电箱的技术参数

产品名称	箱型代号	最多可安装元件数	外形尺寸/mm			安装尺寸/mm
			宽	高	厚	
照明配电箱	06	6	325	240	120或180	详见厂家产品样本
	09	9	400			
	12	12	425			
	15	15	550			
	18	18	500	605		
	24	24		680		

（2）动力配电箱（板）

动力负荷的使用性质分为多种，如建筑机械（电梯、自动门等）、建筑设备机械（水泵、通风机等）、各种专用机械（炊事、医疗、实验设备等）。动力负荷的分布可能分散（如医疗设备），可能集中（如厨房的炊事机械，机房内的风机、水泵等），因此动力负荷的配电系统需按电价、使用性质归类，按容量和方位分路。

采用小型动力配电箱时，如同照明配电箱那样分为明装、暗装和半暗装三种类型，一般均装在机房和专用机房内，距地高度为1.2m。

2. 家用配电箱的选择

家用配电箱是按照各个家庭所需的照明、电器系统接线要求，将小型断路器（俗称"空气开关"）、漏电断路器、零线和保护接地线等在其内部合理组合装配在一起，所以配电箱的选择应注意以下几点：

（1）配电箱主要有金属外壳和塑料外壳两种，家庭配电箱的箱体内接线汇流处应该分别设立零线排、地线排（接地保护），需保证整体及配件都是完好的，用电笔测试一下箱体的绝缘性，检查配电箱门板上应设有检查用的透明窗。在选择箱体尺寸之前，首先需要确定漏电开关/空开的数量，根据配件数量及尺寸来选择适合的箱体尺寸。

（2）家庭配电箱需要配备完善的安全保护措施，例如漏电保护器、过载保护器等，以确保人身和财产的安全。一般对家用配电箱中开关元器件及其额定电流的选择：总开关一般选择（40～63）A的小型断路器；照明回路一般选择（10～16）A的小型断路器；空调回路一般选择（16～25）A的小型断路器；（3～5）P柜机需要（25～32）A的小型断路器；10P左右的中央空调需要独立的2P/40A左右的小型断路器；普插回路一般选择（10～16）A的小型断路器；厨插回路一般选择（16～25）A的小型断路器；洗浴回路一般选择（16～25）A的小型断路器；对于洗浴回路及厨插回路，可以单独安装，也可以共用较大容量的漏电断路器。

（3）确定总开的大小。

（4）电箱内所有的电器元件必须是合格品。总配电箱中，必须设置总隔离开关和分路隔离开关，分配电箱中必须设置总隔离开关，开关箱中必须设置单机隔离开关，隔离开关一般用作空载情况下通、断电路。

（5）在选择各种配电箱时，一般应尽量选用通用的标准配电箱，以利于设计和施工。若因建筑设计的需要，也可以向厂家订制非标准箱。

（七）其他

1. 照明开关的选配

照明开关是用于控制家庭所有照明灯具的控制部件。在通常情况下，照明用电线路的规格为2.5mm^{2}电线，因此照明开关的规格基本统一，选用时，主要是从类型上进行选择。照明开关的类型比较多，常见的有单开关、双开关、三开关等，如图5-39所示。不同类型开关的应用特点不同，选用时，一般根据开关的操控特点和家庭供电用电线路设计需求选用。

（a）单开关　　　　　（b）双开关　　　　　（c）三开关

图 5-39　开关

2. 电源插座的选配

电源插座是为家用电器提供市电交流 220V 电压的连接部件。电源插座的类型多种多样，家庭供电一般为两相，插座也应选用两相插座。常见的有三孔插座、五孔插座、五孔带开关插座、防溅水插座（图 5-40）等。电源插座应按综合规格和类型两个方面进行选用。

图 5-40　防溅水插座

3. 防雷装置

1）接闪器是直接接受雷击的避雷针（图 5-41）、避雷带（线）、避雷网，以及用作接闪的金属屋面和金属构件等。

图 5-41　避雷针

2）引下线

引下线是指连接接闪器和接地装置的金属导体。

第三节　模板、钢管脚手架、竹木脚手架、门式脚手架等规格型号知识

（一）模板

1. 模板系统的作用、基本要求和组成

1）模板系统的作用和基本要求

任何结构或构件都有相应的形状和尺寸，而施工必须保证其形状和尺寸的正确，还应保证其表面平整光洁。模板系统的作用正在于此。在混凝土浇筑前要形成结构或构件相应的形状和尺寸并保证在浇筑过程中以及浇筑完成后不发生变化。混凝土在凝结硬化中受到了保护而且养护方便，使混凝土形成一定的观感质量。因此，对模板系统有以下方面的要求：

（1）模板系统要保证结构或构件形状和尺寸及相互位置的正确。其形状、尺寸及相互位置应满足设计要求，且保证在混凝土浇筑后在允许偏差范围内。模板系统本身要有足够的强度、刚度和稳定性。

（2）模板板面应平整、光滑，还应有一定的耐摩擦、耐冲击、耐碱、耐水及耐热性能。目前，我国对混凝土施工的观感质量要求越来越高。

（3）模板系统的构造应简单，重量应轻，其安装和拆除应方便和尽量快捷，并要充分考虑与其他工种的配合。

（4）模板系统的接缝应少（平面尺寸大）且严密。

（5）模板系统应能多次周转使用以降低施工成本。

2）模板系统的组成

模板系统一般由模板、支架和紧固件三部分组成。模板提供了平整的板面，支架解决了支撑问题，紧固件使模板相互之间的连接可靠。

2. 木模板

1）木模板的组成及特点

木模板由面板和支撑系统组成，面板是使混凝土成形的部分，支撑系统是稳固面板位置和承受上部荷载的结构部分。木模板是非标准的组合模板。通常原材料有马尾

松和杨木。

2）木模板的特点

木模板可裁割，适用于建筑构件造型复杂，数量不多的混凝土结构或构件。同时因木材导热系数低，自身有保温作用，适用于各个气候季节混凝土浇筑施工。但木模板耗材量大，重复利用率低，不利于节能环保。

3）木模板的构造

木模板及支架系统一般都在加工厂或现场的木工棚里加工制作，然后再在现场拼成整体。如图5-42所示为木模板的拼板构造。

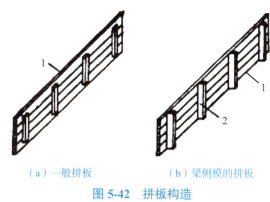

（a）一般拼板　　　　（b）梁侧模的拼板

图 5-42　拼板构造

1—板条；2—拼条

拼板构造由板条组成。板条厚度一般为25～50mm，宽度不宜超过200mm，以保证在干缩时缝隙均匀，浇水后易密封又不翘曲。拼条的间距根据施工荷载的大小和板条的厚度而定，一般取400～500mm。

（1）基础模板

基础模板一般可以利用坑基（或基槽）进行支撑。阶梯形的基础模板要保持上下模板不发生相对移动。如图5-43所示为阶梯形单独柱基的模板。

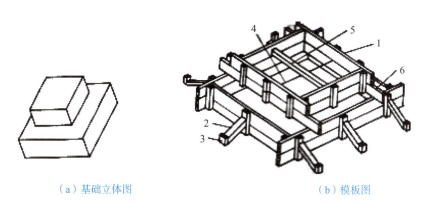

（a）基础立体图　　　　（b）模板图

图 5-43　阶级形单独柱基础模板

1—侧板；2—支撑；3—木桩；4—钢丝；5—顶撑；6—桥杠木

（2）柱模板

柱模板主要应考虑保持模板的垂直度和抵抗混凝土的侧压力问题。还应考虑混凝土浇筑方便，易于清扫垃圾并与绑扎钢筋工序相配合等。如图5-44所示为矩形柱模板。

从图中可看出柱的侧模由两块相对的内拼板，被夹在两块外拼板之内，安装前，木柱箍先钉在内拼板上，然后再安装拼板，这样可避免拼板在安装时向里倾倒。

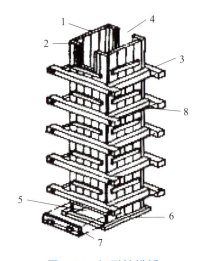

图5-44　矩形柱模板

1—内拼板；2—外拼板；3—柱箍；4—梁缺口；5—清理孔；6—木框；7—盖板；8—拉紧螺栓

为了抵抗新浇混凝土的侧压力，在侧模板的外侧要设置木或钢制的柱箍。柱箍的间距与侧模板厚度和新浇混凝土压力大小有关，一般为300～500mm。靠近柱底的侧压力较大，柱箍应密些。

（3）梁模板

梁模板由底模板和侧模板组成。底模承受垂直荷载，一般较厚（40～50mm），底模下有支架承托，支架包括立柱和桁架等。立柱多为伸缩式，可以调整高度，立柱底应支在坚实的地面或楼面上，下垫木楔，以便拆除。当立柱直接支于地面时，应做好排水设施，避免土壤被水泡软而产生较大的沉降，同时还应在立柱下加垫木板，以分布开立柱传给地面的集中荷载，减少立柱沉降量。立柱的侧向弯曲和压缩变形造成的标高降低值不得大于梁跨度的1/1000，立柱间应用水平和倾向拉杆拉牢，以增强其整体稳定性。当梁的跨度在4m或4m以上时，梁底模应起拱，其拱值由设计规定，如设计无要求时，起拱高度宜为全跨长度的0.1%～0.3%。

（4）楼梯模板

如图5-45所示为典型的板式楼梯模板构造图。

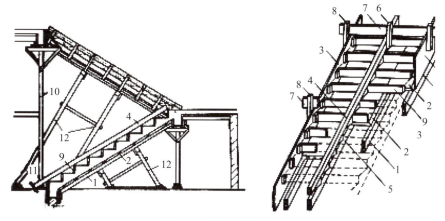

图 5-45 楼梯模板构造

1—楞木；2—底模；3—边侧模；4—反扶梯基；5—三角木；6—吊木；
7—横楞；8—立木；9—踢脚板；10—立柱；11—木桩；12—斜撑

（二）钢管脚手架

1. 钢管脚手架的构造要求

钢管扣件式脚手架目前得到广泛应用，虽然其一次性投资较大，但其周转次数多，摊销费低，装拆方便，搭设高度大，能适应建筑物平立面的变化。

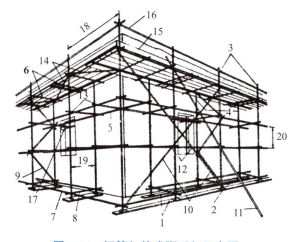

图 5-46 钢管扣件式脚手架示意图

1—垫板；2—底座；3—外立柱；4—内立柱；5—纵向水平杆；6—横向水平杆；7—纵向扫地杆；
8—横向扫地杆；9—横向斜撑；10—剪刀撑；11—抛撑；12—旋转扣件；13—直角扣件；
14—水平斜撑；15—挡脚板；16—防护栏杆；17—连墙固定件；18—柱距；19—排距；20—步距

钢管扣件式脚手架如图 5-46 所示。钢管一般用直径 48mm，厚 3.5mm 的焊接钢管。扣件用于钢管之间的连接，其基本形式有三种，如图 5-47 所示：（a）直角扣件，

137

用于两根钢管呈垂直交叉的连接。(b)旋转扣件，用于两根钢管呈任意角度交叉的连接。(c)对接扣件，用于两根钢管的对接连接。立柱底端立于底座上，以传递荷载到地面上，底座如图5-48所示。脚手板可采用冲压钢脚手板、钢木脚手板、竹脚手板等。每块脚手板的重量不宜大于30kg。

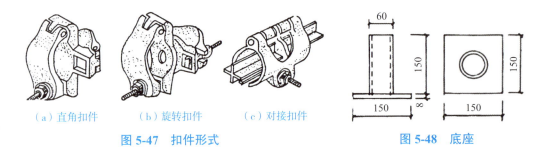

（a）直角扣件　　　（b）旋转扣件　　　（c）对接扣件

图5-47　扣件形式　　　　　　　　图5-48　底座

2. 钢管脚手架主要构件的作用与要求

1）立柱

立柱的作用是承受脚手架的竖向荷载。每根立柱均应设置底座。由底座下皮向上200mm处，必须设置纵、横向扫地杆，用直角扣件与立柱固定。立柱接头除顶层可以采用搭接外，其余各接头均必须采用对接扣件连接。立柱的搭接、对接应符合下列要求：

（1）搭接长度不应小于1m，不少于2个旋转扣件固定。

（2）立柱上的对接扣件应交错布置，两根相邻立柱的对接扣件应尽量错开一步，其错开的垂直距离不应小于500mm。

（3）对接扣件应尽量靠近中心节点（立柱、纵向水平杆、横向水平杆三杆的交点），靠近固定件节点。其偏离中心节点的距离宜小于步距的1/3。

2）纵向水平杆

纵向水平杆也叫大横杆，其作用是承受小横杆传递来的荷载并传给立柱。纵向水平杆应水平设置，其长度不应小于2跨，两根纵向水平杆的对接接头必须采用对接扣件连接。

3）横向水平杆

横向水平杆也叫小横杆，其作用是承受脚手板传递来的荷载并传给大横杆。

4）脚手板

脚手板的作用是承受脚手架上的施工荷载。脚手板一般均应采用三支点支承。当脚手板长度小于2m时，可采用两支点支承，但应将两端固定，以防倾翻，脚手板宜采用对接平铺，其外伸长度应大于100mm，小于150mm，当采用搭接铺设时，其搭接长度应大于200mm。

5）固定件

为防止脚手架内外倾覆、保证立柱的稳定性，立柱必须用刚性固定件与建筑物可靠连接。固定件均必须从第一步纵向水平杆处开始设置。24m 以下的单、双排脚手架，一般应采用刚性固定件与建筑可靠连接。当采用柔性固定件（如钢丝或 1ϕ6 钢筋）拉结时，必须配用顶撑（顶到建筑物墙面的横向水平杆）顶在混凝土圈梁、柱等结构部位，以防止向内倾覆。拉结钢丝应采两根 8 号钢丝拧成一根使用，24m 以上的双排脚手架均应采用刚性固定件连接。

6）支撑体系

为保证脚手架的整体稳定性，必须设置支撑体系。双排脚手架的支撑体系由剪刀撑、横向斜撑组成。单排脚手架的支撑体系由剪刀撑组成。

7）抛撑

在搭设脚手架时，当固定件尚未施工时，为防止其整体横向倾覆，应临时设置抛撑。当施工场地足够大且脚手架高度不高时，也可不设置固定件而仅设置抛撑。

（三）竹木脚手架

在实际工程中，竹木脚手架已经被列入住房和城乡建设部禁止使用名单，请注意只在符合《建筑施工竹脚手架安全技术规范》JGJ 254—2011，《施工脚手架通用规范》GB 55023—2022 规定范围内可以使用。

1. 竹脚手架的主要构件与构造要求

竹脚手架主要受力杆件应选用生长期 3~4 年的毛竹，竹竿应挺直、坚韧，不得使用严重弯曲不直、青嫩、枯脆、腐烂、虫蛀及裂纹连通两节以上的竹竿，如图 5-49 所示。各类杆件使用的竹竿直径不应小于有效直径。

竹竿有效直径应符合下列规定：纵向及横向水平杆不宜小于 90mm。对直径为 60~90mm 的竹竿，应双杆合并使用。立杆、顶撑、斜撑、抛撑、剪刀撑和扫地杆不得小于 75mm。搁栅、栏杆不得小于 60mm。主要受力杆件的使用期限不宜超过 1 年。

竹竿的绑扎材料应采用合格的竹篾、塑料篾或镀锌钢丝，不得使用尼龙绳或塑料绳。竹篾、塑料篾的规格应符合要求。竹篾应由生长期 3 年以上的毛竹竹黄部分劈剖而成。竹篾使用前应置于清水中浸泡不少于 12h，竹篾应新鲜、韧性强。不得使用发霉、虫蛀、断腰、大节疤等竹篾。单根塑料篾的抗拉能力不得低于 250N。

钢丝应采用 8 号或 10 号镀锌钢丝，不得有锈蚀或机械损伤。8 号镀锌钢丝的抗拉强度不得低于 400N/mm^2，10 号镀锌钢丝的抗拉强度不得低于 450N/mm^2。竹竿的绑扎材料严禁重复使用。竹竿的绑扎材料不得接长使用。

图 5-49 竹脚手架

脚手板应具有满足使用要求的平整度和整体性，宜采用竹笆脚手板、竹串片脚手板和整竹拼制脚手板，不得采用钢脚手板。单块竹笆脚手板和竹串片脚手板重量不得超过 250N。

外墙脚手架的安全网宜采用阻燃型密目式安全网全封闭围护，并用 18 号镀锌钢丝双股绑扎牢，内侧在第二排、顶排、施工层需做好水平封闭。在水平线平高压线部位外加竹脚手片围护封闭。

2. 木脚手架的主要构件

立杆、斜撑、剪刀撑、抛撑及横向水平杆应选用剥皮杉木或落叶松。其材质性能均应符合现行国家标准的规定。脚手板应选用杉木、落叶松板材、竹材、钢木混合材和冲压薄壁型钢等，其材质性能应分别符合国家现行相关标准的规定。

立杆的梢径不应小于 70mm，大头直径不应大于 180mm，长度不宜小于 6m。

纵向水平杆所采用的杉杆梢径不应小于 80mm，红松、落叶松梢径不应小于 70mm。长度不宜小于 6m。

横向水平杆的梢径不得小于 80mm，长度宜为 2.1~2.3m。

木脚手板厚不应小于 50mm，板宽宜为 200~300mm，板长宜为 6m，在距板两端 80mm 处，用 10 号钢丝紧箍两道或用薄铁皮包箍钉牢。

连接用的绑扎材料必须选用 8 号镀锌钢丝或回火钢丝，且不得有锈蚀斑痕。用过的钢丝严禁重复使用。立杆和大横杆的搭接长度不应小于 1.5m，绑扎时小头应压在大头上，绑扎不少于三道（压顶立杆可大头朝上，以增大立杆截面），如三根相交时，应先绑两根，再绑第三根，切勿一绑三根。

(四)门式脚手架

1. 门式脚手架的基本结构

门式脚手架又称多功能门式脚手架,是目前国际上应用最普遍的脚手架之一。门式脚手架实际是由钢管扣件式脚手架进行简化、组合而成,这种脚手架搭设高度一般限制在45m以内,施工荷载限定为:均布荷载$1.82kN/m^2$,或作用于脚手板跨中的集中荷载1.96kN。门式脚手架具有质量轻、刚度大、搭拆技术简单、施工速度快等优点。

门式脚手架由门式框架、剪刀撑和水平梁架或脚手板构成基本单元,如图5-50所示。将基本单元连接起来(或增加梯子、栏杆等部件)即构成整片门式脚手架,如图5-51所示。

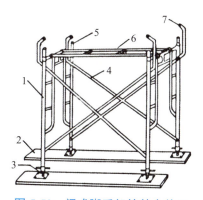

图 5-50 门式脚手架的基本单元

1—门架;2—平板;3—可调底座;4—剪刀撑;5—连接棒;6—水平梁架;7—锁臂

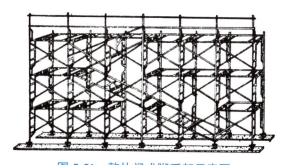

图 5-51 整片门式脚手架示意图

2. 门式脚手架的主要构件及作用

(1)门型钢架:又称门架,是组成脚手架的基本部件,承受上部传下来的荷载。
(2)连接棒:将上、下步门架连成整体的连接件。

（3）锁臂：连接上、下步门架之用。

（4）交叉杆：又称剪刀撑，作用是撑结相邻门型钢架，使其保持整体稳定性。

（5）脚手板：是脚手架上施工的操作面，且是纵向连接门架的杆件，能增强脚手架刚度。

（6）水平梁架：当门式脚手架未铺设脚手板时，在水平方向连接相邻门架，增强脚手架的稳定性。

（7）三脚架：设于门架内侧，是铺设脚手板的托架。

（8）扣墙管：脚手架与建筑物结构的联结杆，是保持脚手架的垂直度，抵抗风荷载的主要受力杆件。

（9）可调底座：用于门式脚手架的底部，是将上部荷载传至基土的部件。

（10）栏杆柱及栏杆：设于门式脚手架顶部的安全设施。

（11）扶梯：供工作人员上、下脚手架之用。

（12）扣件：供交叉杆等与门架扣接用，由于门式脚手架管径不同于扣件式钢管脚手架的钢管直径，故不能通用。

第六章　劳动保护、安全知识基础知识

第一节　职业健康、劳动保护、安全生产相关知识

职业健康、劳动保护、安全生产是我国经济社会发展中非常重要的领域，关系到广大劳动者的生命安全和身体健康，也关系到企业的稳定和发展。本节主要内容是为了更好地传播这些知识，提高广大劳动者的安全意识。

（一）职业健康

1. 职业健康概述

1）职业健康的意义

职业健康对于劳动者、企业和社会具有重要意义。首先，保障劳动者身体健康，有利于提高劳动生产率，降低企业的生产成本。其次，预防职业病的发生，有助于减轻国家和社会的医疗负担。最后，关注职业健康有助于促进社会和谐与稳定，提高国民素质。

2）职业健康风险与预防

（1）职业健康风险

职业健康风险是指在工作过程中，劳动者可能接触到有害因素，从而对身体健康产生危害的风险。职业健康风险主要包括以下几个方面：

① 化学因素：如有机溶剂、重金属、农药等。

② 物理因素：如噪声、辐射、高温等。

③ 生物因素：如细菌、病毒等。

④ 心理因素：如工作压力、人际关系等。

（2）职业健康预防

职业健康预防是指通过采取措施，减少或消除工作环境中的有害因素，保护劳动者身体健康的过程。主要包括以下几个方面：

① 加强职业健康教育：提高劳动者的职业健康意识，增强自我保护能力。如油漆工作业时，应佩戴防护面罩，如图 6-1 所示。

② 完善职业健康法规：制定和实施职业健康法规，加强对企业和劳动者的监管。

③ 职业健康检查：定期对劳动者进行体检，及时发现和控制职业病危害，如图6-2所示。

④ 改善工作环境：减少有害因素的暴露，提高工作环境的舒适度，如图6-3所示。

⑤ 加强职业病防治：建立完善的职业病防治体系，提高职业病治疗水平，如图6-4所示。

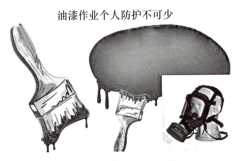

图6-1　油漆工防护面罩

图6-2　职业健康检查

图6-3　焊接作业劳动安全防护

图6-4　中华人民共和国职业病防治法

3）职业病分类及相关法规

（1）职业病分类

职业病是指劳动者在职业活动中，因接触有害因素而引起的疾病。根据病因和发病特点，职业病可分为以下几类：

① 化学因素所致职业病：如中毒性肺炎、慢性中毒等。

② 物理因素所致职业病：如噪声聋、放射性肿瘤等。

③ 生物因素所致职业病：如细菌性感染、病毒性感染等。

④ 心理因素所致职业病：如抑郁症、焦虑症等。

（2）职业健康相关法律法规

我国职业健康法律法规主要包括以下几个方面：

①《中华人民共和国职业病防治法》：明确了职业病防治的政策措施和法律责任。
②《工作场所职业卫生管理规定》：规定了用人单位在职业健康方面的责任和义务。
③《建设项目职业病危害风险分类管理目录》：对建设项目进行职业病危害风险分类，指导企业做好职业病防治工作。
④《职业健康检查管理办法》：规定了职业健康监护的程序、方法和要求。

2. 职业健康保护

随着我国经济的快速发展，工业化和城市化进程加快，职业健康问题日益凸显。据统计，我国每年新发的职业病病例数量呈上升趋势，职业健康问题已成为影响劳动者健康和经济社会发展的重大公共卫生问题。为保障劳动者的职业健康，我国制定了一系列职业健康保护的政策和法律，如《中华人民共和国职业病防治法》《中华人民共和国劳动合同法》《工伤保险条例》等。这些法律法规为我国职业健康保护工作提供了法律依据和政策保障。

1）职业健康保护手段

（1）职业健康风险评估技术

职业健康风险评估技术是根据职业病危害因素和劳动者接触情况，对职业健康风险进行评估的方法。通过风险评估，可为企业制定合理的职业健康保护措施提供科学依据。

（2）职业病防护设施

职业病防护设施是预防职业病危害的重要手段。企业应根据职业病危害类型和程度，配置相应的防护设施，如通风除尘设备、个人防护用品等，建筑工人防护用品如图 6-5 所示。

图 6-5　建筑工人防护用品

(3)职业健康监测技术

职业健康监测技术是对劳动者接触的职业病危害因素进行检测和评价的方法。通过职业健康监测，可及时发现和控制职业病危害，保障劳动者健康。

(4)职业健康保护教育和培训

职业健康教育和培训是提高劳动者职业健康意识和自我保护能力的重要途径。企业应定期开展职业健康教育和培训，使劳动者掌握必要的职业健康知识和技能。

2)职业健康保护效果评价

(1)职业健康保护效果评价的定义

职业健康保护效果评价是指对用人单位在职业健康保护方面所采取的措施和实施效果进行综合评价的过程。主要包括职业病防治、职业健康监护、职业环境监测、职业安全教育等方面的评价，如图6-6所示为施工现场环境检测。

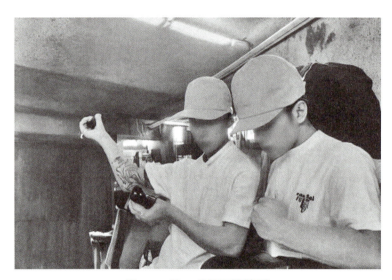

图6-6　施工现场环境检测

(2)职业健康保护效果评价的目的

① 了解用人单位职业健康保护工作的实际情况，发现问题和不足。

② 评价职业健康保护措施的实施效果，为政策制定提供依据。

③ 促进用人单位改进职业健康保护工作，提高劳动者健康水平。

④ 为政府监督和管理提供数据支持。

职业健康保护效果评价是促进用人单位改进职业健康保护工作的重要手段。通过科学的方法和技术，对用人单位的职业健康保护工作进行全面、客观、公正的评价，为政府和企业提供有效的决策依据，有助于提高劳动者的健康水平，实现经济社会的可持续发展。

（二）劳动保护

1. 劳动保护的基本概念

劳动保护的目的和意义：

① 消除和预防劳动生产过程中可能发生的伤亡、职业病和急性职业中毒，保障劳动者以健康的劳动力参加社会生产。

② 促进劳动生产率的提高，保证社会主义现代化建设顺利进行。

③ 维护劳动者的合法权益，提高劳动者的工作积极性和创造力。

④ 促进企业可持续发展，降低企业因事故和疾病造成的经济损失。

2. 劳动保护法律法规

劳动保护法律法规是保障我国劳动者权益的重要法律依据。随着社会经济的快速发展，劳动者权益保护问题日益凸显，劳动保护法律法规在调整劳动关系、维护劳动者权益方面发挥着重要作用。

3. 劳动保护的实施机构和监督管理

劳动保护是保障劳动者在劳动过程中生命安全和身体健康的重要措施。在我国，劳动保护工作始终受到高度重视。本节将阐述劳动保护的实施机构、监督管理机构及监督管理措施，以期提高广大劳动者对劳动保护的认识和理解。

1）劳动保护的实施机构

（1）企业劳动保护机构

企业劳动保护机构是企业内部负责劳动保护工作的部门，其主要职责是：制定和落实企业劳动保护规章制度。组织实施劳动保护培训。定期检查企业劳动场所和设施设备的安全状况。及时发现和消除安全隐患。组织事故调查和处理。

（2）行业劳动保护机构

行业劳动保护机构是根据国家相关规定，在各个行业设立的负责劳动保护工作的部门。其主要职责是：指导、监督和检查行业内企业的劳动保护工作。研究制定行业劳动保护政策和标准。参与行业内安全事故的调查处理。

（3）地方劳动保护机构

地方劳动保护机构是地方政府设立的负责劳动保护工作的部门。其主要职责是：贯彻执行国家劳动保护法律法规。制定本地区的劳动保护政策和措施。监督和管理本地区的劳动保护工作。组织查处违反劳动保护法规的行为。参与本地区安全事故的调查处理。

2）劳动保护的监督管理机构

（1）国家层面的劳动保护监督管理机构

国家层面的劳动保护监督管理机构主要包括人力资源和社会保障部、应急管理部等。这些部门负责制定国家劳动保护政策、法规和标准，并对全国范围内的劳动保护工作进行监督和管理。

（2）地方层面的劳动保护监督管理机构

地方层面的劳动保护监督管理机构主要包括各省、自治区、直辖市的安全生产监督管理局、人力资源和社会保障厅（局）等。

（3）企业内部的劳动保护监督管理机构

企业内部的劳动保护监督管理机构主要包括企业安全生产委员会、安全生产管理部门等。这些部门负责组织、协调和监督企业内部的劳动保护工作，确保企业劳动保护措施的落实。

3）劳动保护的监督管理措施

（1）法律法规监督

劳动保护监督管理机构要加强对劳动保护法律法规的宣传教育，提高广大劳动者和企业的法律意识。同时，对违反劳动保护法律法规的行为进行查处，确保法律法规的贯彻落实。

（2）行政监督

劳动保护监督管理机构要加强对企业劳动保护工作的行政监督，对企业劳动保护措施的落实情况进行定期检查，对企业存在的问题提出整改要求，并对整改情况进行跟踪督促。劳动保护安全监督检查如图6-7所示。

（3）技术监督

劳动保护监督管理机构要加强对企业劳动保护技术措施的监督，确保企业劳动场所、设备设施的安全性、可靠性。对企业新技术、新工艺、新设备的推广应用进行审查，确保其符合劳动保护要求。

（4）群众监督

劳动保护监督管理机构要加强对企业劳动保护工作的群众监督，发挥工会、员工代表等组织的作用，鼓励劳动者积极参与劳动保护工作，对企业劳动保护工作进行民主监督。如图6-8所示。

（5）事故查处

劳动保护监督管理机构要严肃查处劳动保护事故，查明事故原因，依法追究事故责任人的法律责任。同时，总结事故教训，加强事故案例的宣传和教育，提高劳动者的安全意识。

劳动保护的实施机构、监督管理机构和监督管理措施是保障劳动者生命安全和身体健康的重要手段。各级劳动保护机构和监督管理部门要切实履行职责,加强对企业劳动保护工作的监督和管理,确保劳动者在劳动过程中的安全与健康。同时,广大劳动者要增强自我保护意识,积极参与劳动保护工作,共同维护劳动者的合法权益。

图 6-7 劳动保护安全监督检查

图 6-8 同事安全监督

4. 劳动保护的内容

在我国,劳动保护作为一项重要的社会政策,旨在保障广大劳动者在劳动过程中的生命安全和身体健康,维护劳动者的合法权益。劳动保护工作涉及多个方面,包括劳动安全保护、劳动生产环境保护、劳动卫生保护以及劳动合法权益保护等。本节将针对这些内容进行详细解析,以提高大家对劳动保护的认识和重视。

1)劳动安全保护

(1)定义与意义

劳动安全保护是指在劳动过程中,采取各种措施,预防和减少劳动者因生产安全事故导致的伤亡。这既是企业的社会责任,也是国家法律法规规定的劳动者应有的权益。

(2)主要内容

① 生产场所安全:通过生产场所的设计、建设、维护和管理,以确保场所安全可靠。

② 生产设备安全:通过设备的选型、安装、调试、维护和检查,以确保设备安全运行。

③ 作业过程安全:通过制定合理的作业规程,规范劳动者操作行为,防止违章作业。

2)劳动生产环境保护

(1)定义与意义

劳动生产环境保护是指在劳动生产过程中,采取有效措施,预防和治理对环境造成的污染和破坏，促进绿色发展。

（2）主要内容

① 节能减排：通过技术创新和管理优化，降低能源消耗和污染物排放。

② 清洁生产：采用环保技术和工艺，减少污染产生，提高资源利用效率。

③ 环境保护设施：建设和管理环保设施，确保其正常运行，达到减排效果。

④ 环保培训：加强对劳动者环保意识的培训，提高其环保操作技能。

3）劳动卫生保护

（1）定义与意义

劳动卫生保护是指在劳动过程中，采取各种措施，预防和控制职业病及劳动卫生问题，保障劳动者身心健康。

（2）主要内容

① 职业病防治：制定并执行职业病防治措施，预防劳动者患职业病。

② 工作环境改善：优化工作环境，降低劳动者在劳动过程中的生理和心理负担。

③ 健康监测：定期对劳动者进行健康检查，及时发现和治理健康问题。

④ 劳动卫生培训：加强对劳动者劳动卫生知识的培训，提高其自我防护能力。

4）劳动合法权益保护

（1）定义与意义

劳动合法权益保护是指保障劳动者在劳动过程中享有法定权益，包括工资、工时、休假、劳动安全、职业培训等。

（2）主要内容

① 工资待遇：按照法律法规，确保劳动者工资待遇的合理性和公平性。

② 工时制度：遵守国家规定的工时制度，保障劳动者休息和休假权益。

③ 劳动安全卫生：落实国家有关劳动安全卫生的法律法规，保障劳动者生命安全和身体健康。

④ 职业培训：为企业劳动者提供职业培训机会，提高其职业技能和综合素质。

劳动保护是关系到劳动者生命安全、身体健康和社会稳定的重大问题。企业和国家应高度重视劳动保护工作，切实履行社会责任，严格执行国家法律法规，为广大劳动者创造一个安全、健康、和谐的劳动环境。劳动者也应增强自我保护意识，认真学习劳动保护知识，自觉遵守规章制度，共同维护好劳动保护工作。

5. 劳动保护的实践案例

劳动保护对于工程施工而言，不仅是施工顺利进行的基本保障，更是关系到劳动者生命安全和家庭幸福的头等大事。因此，充分认识劳动保护的重要性，加强工程施工中的劳动安全防护，是每个施工企业和施工人员责无旁贷的使命。下面是一个实践案例。

2009年3月20日14时30分，某特殊钢有限责任公司技质部物理室试样加工组下午上班后，陈某某（物理室试样加工组组长，张某某的师傅）根据当天加工任务，安排张某某（试样工）操作CA6140普通车床，加工两个拉力试样。

张某某按照组长的安排，立即开动车床加工试样。完成一个拉力试样的加工后，在加工另一个拉力试样时，感觉加工的难度较大，于是请师傅陈某某到车床指导，张某某站在陈某某右面听其讲解。约15时25分，陈某某使用锉刀（外缠纱布）抛光试样斜坡度时，人体突然趴在车床上，张某某立即关机，并报告副组长刘某某，刘某某立即报告物理室主任郭某某，郭某某立即通知120，并电话向公司领导报告。120急救车到现场后，医生发现陈某某已死亡。

1）事故的原因及性质

（1）直接原因

该公司技质部物理实验室试样加工组试样工陈某某，加工拉力试样时未按安全操作规程穿戴劳动保护用品，右手衣袖被旋转的拉力试样绞入，人往前倾斜，头与旋转的车床夹头撞击，是事故发生的直接原因。

（2）间接原因

该公司技质部对职工遵章守纪教育不够，对职工违章现象检查、督促、纠正不力是事故的间接原因。

（3）事故性质

经调查取证和原因分析，该事故是因陈某某安全意识淡薄，未按规定穿戴劳动保护用品造成的安全生产责任事故。

2）预防措施

（1）公司安全部门为吸取"3·20"事故教训，3月24日对各单位机加工现场进行了一次专项安全检查。

（2）公司准备在市安监局和集团公司联合调查组对"3·20"事故调查处理意见明确后，召开"事故现场安全警示会"，组织各单位负责设备的领导、机修车间主任、机修组长参加，以血的教训进行安全警示教育。

（3）认真吸取血的教训，珍惜生命，在技质部内开展"我要安全，安全在我心中"活动，并就"3·20"事故要求物理试样室加工组每位职工写一篇感想。

（4）对"3·20"事故，技质部立即召开安委会，布置相关工作，在近期要求各单位加大对职工安全教育培训，提高职工自身防范意识。

（5）全公司立即组织职工学习本岗位、本工种安全操作规程和规章制度，结合公司近几年死亡事故教训，切实加强职工安全意识的教育和劳动纪律的管理，开展好"厂级、车间级安全学习"和"班组安全讲话"，进一步完善"安全学习"记录、台账。

生产部安环科及各单位要经常检查安全学习情况及相关台账记录，对未开展安全学习或无相关台账记录的单位将严格进行考核。

（6）在全公司认真开展"从上自下"查找隐患的工作，查找身边的"物的不安全状态，人的不安全行为"，建立相应的管理考核制度，做到随时检查，严格考核，杜绝类似事故的重复发生。

（三）安全生产

安全生产是国家安全、社会稳定、人民福祉的重要保障。对于国家而言，安全生产是经济社会持续健康发展的前提。对企业而言，安全生产是企业效益的保证。对个人而言，安全生产是家庭幸福的基石。

1. 安全生产事故等级

《生产安全事故报告和调查处理条例》第三条规定，根据生产安全事故（以下简称事故）造成的人员伤亡或者直接经济损失，事故一般分为以下等级：

（一）特别重大事故，是指造成 30 人以上死亡，或者 100 人以上重伤（包括急性工业中毒，下同），或者 1 亿元以上直接经济损失的事故。

（二）重大事故，是指造成 10 人以上 30 人以下死亡，或者 50 人以上 100 人以下重伤，或者 5000 万元以上 1 亿元以下直接经济损失的事故。

（三）较大事故，是指造成 3 人以上 10 人以下死亡，或者 10 人以上 50 人以下重伤，或者 1000 万元以上 5000 万元以下直接经济损失的事故。

（四）一般事故，是指造成 3 人以下死亡，或者 10 人以下重伤，或者 1000 万元以下直接经济损失的事故。

国务院安全生产监督管理部门可以会同国务院有关部门，制定事故等级划分的补充性规定。

本条第一款所称的"以上"包括本数，所称的"以下"不包括本数。

2. 安全生产管理

安全生产管理是指在生产经营活动中，为实现安全生产目标，采取的一系列有计划、有组织、有领导的行动。安全生产管理旨在确保从业人员的人身安全和财产安全，促进企业可持续发展。

1）安全生产管理方针

我国的安全生产管理方针是"安全第一、预防为主、综合治理"。

"安全第一"明确指出了安全工作的重要性，它是处理安全工作与其他工作关系的总原则。"预防为主"，是强调把一切不安全的因素消除在事故发生之前。针对生产经营活动中可能出现的不安全因素，预先采取防范措施，做到防微杜渐，防患于未然。

2）安全生产管理的意义

（1）保障人民群众生命财产安全

安全生产管理的核心目的是保障人民群众的生命财产安全。通过对生产过程中的安全隐患进行排查、治理，预防事故的发生，降低事故风险，从而确保人民群众的生命财产安全。

（2）促进社会和谐稳定

安全生产管理有助于维护社会和谐稳定。事故的发生往往导致家庭破碎、社会不安定，而安全生产管理则可以从源头上减少事故，为社会创造一个和谐稳定的环境。

（3）提高企业经济效益

企业严格遵守安全生产法规，加强安全生产管理，有利于降低生产成本，提高企业经济效益。事故带来的损失往往远超过预防事故的成本，安全生产管理有助于企业实现可持续发展。

（4）提升国家安全生产水平

加强安全生产管理，有助于提升国家的安全生产水平。我国政府高度重视安全生产，通过制定相关政策、法规，强化安全生产监管，推动企业落实安全生产主体责任，从而提升国家安全生产整体水平。

（5）落实安全生产责任

安全生产管理有助于落实安全生产责任。企业应建立健全安全生产责任体系，明确各级管理人员、员工在安全生产中的职责，确保安全生产责任到人。

3）安全生产管理的目标

（1）预防事故

安全生产管理的首要目标是预防事故。通过加强安全管理，排查治理隐患，降低事故发生的风险，确保生产过程的安全。

（2）减少事故损失

在事故难以避免的情况下，安全生产管理的目标是减少事故损失。通过加强事故应急预案的制定和实施，提高事故救援能力，降低事故对人民群众生命财产的影响。

（3）提高安全生产水平

安全生产管理的目标之一是提高安全生产水平。通过不断提升安全生产技术、设备和管理水平，确保生产过程的安全可靠。

（4）提升员工安全意识

加强安全生产管理，提高员工安全意识。

4）安全生产管理的方法

（1）制定并落实安全生产规章制度

企业应根据国家法律法规，结合自身实际，制定安全生产规章制度，明确安全生产职责、工作流程和标准，确保安全生产工作的有序进行。

（2）开展安全生产培训和教育

企业应定期组织安全生产培训和教育，提高员工安全意识，使员工掌握必要的安全生产知识和技能。如图6-9所示为企业开展安全培训。

图6-9　企业开展安全培训

（3）隐患排查与治理

企业应建立健全隐患排查制度，开展常态化隐患排查，对发现的安全隐患及时进行整改和治理，确保生产过程的安全。

（4）事故应急预案与救援

企业应制定事故应急预案，建立健全应急救援组织，配备应急救援设备，提高事故救援能力。

（5）安全生产信息化管理

企业应充分利用现代信息技术，实现安全生产信息化管理，提高安全生产监管效率。

（6）加强安全文化建设

企业应加强安全文化建设，营造安全生产氛围，使员工在潜移默化中树立安全意识，自觉遵守安全生产规定。

总之，安全生产管理是企业持续发展的重要保障，是维护人民生命财产安全、促进社会和谐稳定的基石。企业应始终坚持安全生产管理原则，采取有效管理方法，不断提升安全生产水平，为我国的安全生产事业贡献力量。

3. 安全现场管理

安全生产管理是指在生产过程中，对企业生产安全进行系统、全面、有序的组织，协调，监督，控制和应急救援的一系列活动的总称。它旨在确保企业在生产过程中人身安全、设备安全、环境安全，预防事故的发生，降低事故风险，保障企业生产的顺利进行。

1）安全现场管理的意义

（1）提高安全生产水平

安全现场管理是企业安全生产的基础，通过科学、有效的现场管理，可以降低事故发生的风险，减少事故损失，提高整体安全生产水平。

（2）保障员工生命安全与健康

现场安全管理关注员工生命安全与健康，确保员工在生产过程中免受事故伤害，创造一个安全、健康的工作环境。

（3）促进企业可持续发展

安全现场管理有助于企业遵守法律法规，降低企业因安全事故导致的法律风险，为企业可持续发展提供保障。

（4）提升企业形象

良好的安全现场管理可以体现企业对员工的关爱，彰显企业社会责任，提升企业形象。

（5）优化生产流程

安全现场管理关注生产流程的合理性、有效性，通过不断优化，提高生产效率，降低生产成本。

2）安全现场管理的目标

（1）实现零事故生产

安全现场管理的核心目标是实现零事故生产，提高安全生产水平，确保员工生命安全与健康。

（2）合规经营

遵守国家法律法规、行业规范和标准，确保企业合规经营。

（3）提高工作效率

优化生产流程，提高工作效率，实现企业可持续发展。

（4）持续改进

不断总结经验，持续改进安全现场管理，提高安全管理水平。

3）安全现场管理的方法

（1）制定完善的安全管理制度。

（2）落实安全培训教育。

（3）开展安全检查。

（4）隐患整改与跟踪。

（5）事故应急预案与演练。

（6）安全信息交流与沟通。

（7）安全绩效考核。

（8）技术创新与应用。

（9）安全文化建设。

（10）安全氛围营造。

综上，安全现场管理是企业安全生产的重要组成部分，通过实施有效的方法，可以达到提高安全生产水平、保障员工生命安全与健康、促进企业可持续发展等目的。企业应持续关注并优化安全现场管理，为企业的长远发展奠定坚实基础。

4. 安全生产案例分析

1）典型事故案例分析

（1）事故案例概述

某选矿厂是由林某和范某共同投资的私营企业。为了获得建厂的批准，投资方聘请了正规的设计单位，严格按照国家有关规定对相关建设项目特别是尾矿库的安全设施进行设计，有些设计甚至高于国家标准，因此很快获得了有关部门的批准。然而，在施工过程中，该选矿厂发生了一起严重的安全生产事故。

2022年5月10日，选矿厂在进行尾矿库清淤作业时，一辆装载机不慎滑入尾矿库，造成两人死亡，三人重伤。事故发生后，有关部门立即展开调查，发现事故原因主要包括以下几点：

① 尾矿库清淤作业未按照设计要求进行，清淤过程中未采取有效的安全防护措施。

② 现场管理人员对安全生产不够重视，对作业人员的安全培训和交底不到位。

③ 装载机驾驶员操作不当，未严格按照操作规程进行作业。

④ 事故应急预案不完善，救援措施不到位。

（2）事故原因分析

① 设计缺陷：虽然选矿厂在建设过程中聘请了正规的设计单位，严格按照国家有关规定进行设计，但事故表明，设计仍存在一定缺陷。

② 管理不善：作业人员的安全培训和交底不到位。这是导致事故发生的重要原因。

③ 操作失误：装载机驾驶员在清淤作业过程中，操作不当，未严格按照操作规程进行作业，导致事故发生。

④ 应急预案不完善：事故应急预案不完善，救援措施不到位，使得事故后果更加严重。

（3）事故教训

① 加强设计审查：在建设项目中，要充分重视设计环节，严格审查设计单位资质和设计方案，确保设计质量。

② 提高管理水平：企业要加强对现场管理人员的培训和考核，确保他们具备足够的安全意识和管理能力。

③ 强化作业人员的安全培训：加强作业人员的安全培训，确保他们了解安全生产法律法规、掌握安全操作规程。

2）安全生产优秀案例分析

（1）事故案例概述

某化工企业在生产过程中，始终秉持"安全第一"的原则，注重安全生产管理。尽管生产过程中曾出现过一些安全隐患，但企业及时发现并采取了有效措施，避免了事故的发生。

（2）安全生产措施

① 严格安全生产责任制：企业明确了各级管理人员、员工在安全生产中的职责，确保每个人都知道自己的安全职责。

② 完善应急预案：企业制定了一套完善的应急预案，并定期组织应急演练，提高应对突发事件的能力。

③ 注重设备维护：企业严格执行设备维护保养制度，确保设备安全运行。

④ 安全管理体系：企业建立了完善的安全管理体系，持续改进安全生产水平。

（3）事故教训

① 以人为本：企业要始终坚持以人为本的原则，把员工的生命安全放在首位。

② 加强安全培训：提高员工的安全意识和技能，使他们能够在紧急情况下做出正确的安全决策。

③ 完善应急预案：应急预案是企业应对突发事件的重要手段，要不断修订和完善，确保应对措施的有效性。

④ 持续改进：企业要不断总结经验教训，持续改进安全生产管理体系，提高安全生产水平。

通过以上两个案例分析，我们可以看出，安全生产至关重要。企业要始终坚持以人为本，加强安全管理，提高员工安全意识，严格执行安全生产法规和标准，注重设备维护，不断完善应急预案，确保企业安全生产。同时，政府和社会各界也要加大对安全生产的监管力度，共同维护良好的安全生产环境。

第二节　消防、现场救护基本知识

（一）消防基础知识

消防基础知识是预防和应对火灾的重要工具。了解火灾的基本概念、预防火灾、掌握火灾应对方法，以及了解火灾调查与处理流程，对于减少火灾损失、保障人民群众生命财产安全具有重要意义。企业和个人均要时刻保持火灾警惕，加强消防安全意识，提高火灾预防和应对能力。

1. 消防安全意识

消防安全意识是预防和减少火灾危害的关键，涉及人们的生活、工作、学习等各个方面。提高消防安全意识，不仅能够保护自己和他人的生命安全，还能减少财产损失，维护社会稳定。本节将重点介绍消防安全意识的重要性、消防安全的基本知识以及如何在日常生活中养成良好的消防安全习惯。

1）消防安全意识的重要性

（1）预防火灾：消防安全意识能引导人们正确使用火源，避免火灾事故的发生。例如，不乱丢烟蒂、不私拉乱接电缆线、不在室内使用明火等。

（2）保障生命安全：在火灾发生时，具备消防安全意识的人能够迅速做出反应，采取正确的自救措施，如拨打火警电话、组织疏散、使用灭火器等，有效减少火灾造成的伤亡。

（3）减少财产损失：消防安全意识有利于人们及时发现和处理火灾隐患，避免火灾事故的发生，从而减少财产损失。

（4）维护社会稳定：普及消防安全意识，有助于提高全社会的火灾防控能力，创造一个和谐、安全的社会环境。

2）消防安全基本知识

（1）燃烧条件：燃烧必须具备三个条件，即可燃物、助燃物和着火源。在实际生活中，要尽量避免这三个条件的相遇，从而降低火灾风险。

（2）火源种类：常见的火源有明火、高温物体、火星、电火花、强光等。在日常生活中，要注意控制和妥善处理火源，防止火灾事故的发生。

（3）火灾原因：生活中的火灾主要包括用火不慎、用电不慎、用油用气不慎、吸烟不慎、玩火、燃放烟花爆竹等。要加强对火源的管理，提高消防安全意识，防止火灾事故的发生。

（4）家庭易燃物品：家庭易燃物品包括木制家具、被褥窗帘、衣物、沙发、书籍、煤气罐等。要加强对这些物品的管理，避免火灾事故的发生。

2. 火灾的分类和危害

为了更好地预防和应对火灾，了解火灾的分类和危害显得尤为重要。本节将围绕火灾的分类和危害进行详细阐述。

1）火灾的分类

根据火灾的发生原因和危害程度，火灾可分为以下几类。

（1）按照火灾事故造成的灾害损失程度分类

① 特别重大火灾：指死亡 30 人及以上，或者 100 人及以上重伤，或者 1 亿元及以上直接经济损失的火灾。

② 重大火灾：指死亡 10 人及以上 30 人以下，或者 50 人及以上 100 人以下重伤，或者 5000 万元及以上 1 亿元以下直接经济损失的火灾。

③ 较大火灾：指死亡 3 人及以上 10 人以下，或者 10 人及以上 50 人以下重伤，或者 1000 万元及以上 5000 万元以下直接经济损失的火灾。

④ 一般火灾：指死亡 3 人及以下，或者 10 人以下重伤，或者 1000 万元及以下直接经济损失的火灾。

（2）按照火灾原因分类

① 电气火灾：由于电气设备或电气线路故障引发的火灾。

② 吸烟火灾：由于吸烟不慎或烟蒂未熄灭引发的火灾。

③ 生活用火不慎：由于生活炉火、火柴、蜡烛等不慎引发的火灾。

④ 生产作业不慎：由于生产过程中操作不当或安全措施不到位引发的火灾。

⑤ 玩火：由于儿童玩火引发的火灾。

⑥ 放火：故意纵火引发的火灾。

⑦ 雷击火灾：由于雷电引发的火灾。

2）火灾的危害

（1）人员伤亡：火灾事故往往导致大量人员伤亡，包括窒息、烧伤、跌落等。

（2）财产损失：火灾事故会导致建筑物、设施设备、物资等财产遭受严重损失。

（3）环境污染：火灾事故会产生大量烟雾、有毒气体等污染物，对环境造成严重影响。

（4）社会影响：火灾事故会引起社会恐慌，影响社会稳定。

（5）生产中断：火灾事故可能导致企业生产中断，影响经济效益。

（6）火灾蔓延：火灾事故可能引发火灾蔓延，造成更大范围的损害。

3）火灾预防与应对措施

（1）加强消防宣传教育，提高人们的消防意识和自我保护能力。

（2）严格执行消防法规，落实消防安全责任制。

（3）定期检查消防设施设备，确保其正常运行。

（4）制定火灾应急预案，加强火灾应急演练。

（5）合理规划建筑物的消防布局，提高建筑物的防火性能。

（6）严格火源管理，避免火源失控引发火灾。

（7）及时报火警，迅速组织灭火救援。

通过本节课的学习，学生应掌握火灾的基本分类及其特点，了解火灾的危害，提高防火意识，学会预防和应对火灾的基本方法。在日常生活中，我们要时刻关注消防安全，积极参与消防安全管理，为构建和谐安全的社会环境共同努力。

3. 火灾的传播途径

了解火灾的传播途径，有助于我们预防和减少火灾事故的发生，提高消防安全意识，保障人民群众的生命财产安全。以下将重点介绍火灾的传播途径及其防治措施。

1）火灾的传播途径

（1）火焰传播

火焰传播是火灾中最直接、最快速的传播途径。火焰传播过程中，会产生大量的热量、烟雾和有毒气体，对人员和财产安全造成严重威胁。

（2）热传播

热传播是火灾中另一种重要的传播途径。热传播会导致火灾事故扩大，增加财产损失。

（3）烟雾传播

烟雾是火灾中产生的有毒气体和微小颗粒物的混合物。烟雾传播主要通过空气流动和建筑物内部空间扩散。烟雾传播会导致人员窒息、昏迷甚至死亡，给火灾扑救带来很大困难。

（4）毒气传播

火灾发生时，部分可燃物在燃烧过程中会生成有毒气体。这些有毒气体通过空气流动和扩散，污染室内环境。毒气传播会导致人员中毒、昏迷甚至死亡，严重威胁生命安全。

（5）辐射传播

火灾产生的高温和火焰会辐射出大量热量。辐射传播不受介质限制，可以在空气中直接传播。辐射传播会使周围物体温度升高，加剧火势蔓延。

2）火灾防治措施

（1）火灾预防

① 加强火灾安全教育，提高消防安全意识。

② 定期开展火灾隐患排查，整改火灾隐患。

③ 严格执行火灾防控制度，落实消防安全责任。

④ 配备必要的消防设施和器材，如灭火器、消防水带等。

⑤ 保持消防通道畅通，确保人员疏散顺利。

（2）火灾扑救

① 发现火灾时，立即拨打火警电话报警。

② 根据火警调度，及时组织灭火力量进行扑救。

③ 扑救火灾时，要遵循"先救人、后灭火"的原则。

④ 合理选择灭火剂，针对不同火源进行扑救。

（3）人员疏散

① 制定疏散预案，明确疏散路线和集结地点。

② 加强疏散演练，提高人员疏散意识和能力。

③ 遇到火灾时，保持冷静，按照疏散指示有序撤离。

④ 密切关注老人、儿童等特殊人群，确保其安全疏散。

火灾的传播途径多样化，了解火灾传播特点，采取有效的防治措施，对保障人民群众生命财产安全具有重要意义。各级政府、部门和社会组织应高度重视消防安全工作，加强火灾防控体系建设，提高火灾事故应急处置能力，为人民创造一个安全、和谐的生活环境。

4. 火场烟气的危害和处理方法

1）火场烟气的危害

火场烟气是指在火灾过程中产生的含有有毒有害物质的气体。火场烟气对人体健康的危害非常严重，其主要危害如下：

（1）刺激作用：火场烟气中的化学物质对眼、鼻、喉等黏膜有强烈的刺激作用，可能导致黏膜充血、水肿、分泌物增多等症状。

（2）窒息作用：火场烟气中含有大量的一氧化碳（CO）、氰化氢（HCN）等有毒气体，这些气体可导致人体组织缺氧，严重时引发窒息。

（3）毒性作用：火场烟气中的有毒物质可对人体各个系统造成损害，如神经系统、呼吸系统、循环系统等。长期暴露于火场烟气中，还可能导致癌症等严重疾病。

（4）燃烧产物：火场中燃烧的物质会产生大量烟雾和有毒气体，如塑料、家具、建筑材料等燃烧时产生的有毒气体，会对人体造成严重伤害。

（5）缺氧：火场烟气中的有毒气体会导致空气中氧气浓度降低，使人出现缺氧症状，严重时可能导致死亡。

2）火场烟气的处理方法

（1）预防措施：加强火源管理，严格遵守用火用电规定，及时整改火灾隐患，避免火灾发生。

（2）早期报警：一旦发现火源，立即报警，争取时间进行灭火和疏散。

（3）疏散逃生：火灾发生后，迅速有序地进行疏散逃生，避免盲目跟随人群，确保生命安全。

（4）掩住口鼻：用湿毛巾或衣物捂住口鼻，降低身姿，沿疏散通道有序逃生，降低吸入有毒烟气的风险。

（5）利用灭火器等灭火设备灭火：掌握灭火器等灭火设备的使用方法，及时进行灭火，控制火势。

（6）关闭门窗：在火势尚未蔓延至室内时，关闭门窗，减少火场烟气进入室内的数量。

（7）设置消防通道：建筑物内应设置畅通的消防通道，便于消防人员和灭火设备到达火场，同时为人员疏散提供安全通道。

（8）定期检查室内消防设施：定期检查室内消防设施，确保消防设施齐全、完好、有效。

（9）宣传教育：加强消防安全宣传教育，提高人们的消防安全意识和自防自救能力。

（10）培训和专业队伍建设：加强消防队伍培训，提高消防队员的业务素质，增强灭火救援能力。

3）火场烟气处理的注意事项

（1）火场处理过程中，要密切关注火势变化，随时准备应对突发情况。

（2）在火场救援中，务必做好个人防护，佩戴消防头盔、防护手套、防护服等。

（3）进入火场救援时，要充分利用灭火器、消防水等灭火设备，及时扑灭火源。

（4）火场疏散逃生时，切勿使用电梯，务必按照疏散指示标志和现场人员的指引，沿安全通道迅速有序逃生。

（5）遇到火场烟雾较浓时，可使用湿毛巾捂住口鼻，降低身姿，寻找安全出口。

（6）火场处理过程中，注意保护现场，确保现场证据不被破坏，为火灾原因调查提供有力支持。

（7）火场处理结束后，对现场进行认真清理，防止火场复燃。

通过加强火场烟气的处理，可以有效减少火灾事故的发生，保障人民群众的生命财产安全。

（二）现场救护基础知识

施工现场救护是指在施工现场发生意外事故或突发疾病时，施救者在专业医护人员到达前，根据医学护理原则，利用现场现有资源进行初步救援和护理的过程。为了提高施工现场的安全性和减少事故发生的概率，本节将重点介绍施工现场救护的预防意识和应急准备措施等。

1. 预防意识和应急准备

1）预防意识

（1）提高安全意识

施工现场事故往往是由于安全意识不足和操作不当导致的。提高安全意识是预防事故发生的关键。各级管理人员和施工人员要树立"安全第一"的思想，加强安全培训，严格遵守安全生产规章制度，确保施工现场的安全。

（2）安全风险评估

在施工现场开展作业前，要进行安全风险评估，识别潜在的危险源，制定相应的预防措施，确保施工现场的安全。

（3）定期检查施工现场

（4）个人防护装备的配备和使用

施工现场工作人员应正确佩戴个人防护装备，如安全帽、安全鞋、防护眼镜等，以降低事故发生的风险。

（5）预防高处坠落事故

高处坠落是施工现场常见的事故类型之一。要预防高处坠落事故，应确保高处作业人员佩戴安全带，设置防护网，加强高处作业的安全监护。

（6）预防触电事故

施工现场触电事故频发，要加强对电气设备的维护和管理，确保用电安全。施工现场应设置临时用电线路，严禁私拉乱接，确保电气设备完好无损。

2）应急准备

（1）应急预案

施工现场应制定应急预案，明确事故应急组织、应急流程和应急资源配置，确保在突发事件发生时能够迅速启动应急预案，降低事故损失。

（2）应急演练

应急预案制定完成后，要组织定期应急演练，检验应急预案的实施效果，提高应急响应能力。

(3）应急救援器材和物资

施工现场应配备必要的应急救援器材和物资，如灭火器、急救箱、安全帽、防护手套等，确保在事故发生时能够迅速投入使用。

（4）急救知识的普及

普及急救知识是提高施工现场应急能力的重要手段。施工现场应定期开展急救知识培训，使从业人员具备基本的急救技能，能在事故发生时迅速采取措施。

（5）建立应急救援队伍

施工现场可建立应急救援队伍，定期组织队员进行培训，提高队伍的应急响应能力。应急救援队伍在事故发生时能够迅速展开救援，降低事故损失。

施工现场救护的预防意识和应急准备，是确保施工现场安全的重要措施。通过提高安全意识、进行安全风险评估、定期检查施工现场、个人防护装备的配备和使用、预防高处坠落事故、预防触电事故等措施，降低事故发生的概率。同时，加强应急预案、应急演练、应急救援器材和物资的配备、急救知识的普及和应急救援队伍的建设，提高施工现场的应急响应能力，确保在事故发生时能够迅速有效地进行救援。

2. 伤员的分类和处理原则

施工现场救护是指在建筑、市政、交通、电力等施工现场，发生事故或意外伤害时，对伤员进行及时、有效的现场急救和转运的过程。掌握伤员分类和处理原则是施工现场救护的关键环节。本节将重点介绍施工现场救护中伤员的分类及处理原则，以提高施工现场急救人员的救治能力。

1）伤员分类

（1）轻重伤员分类

轻伤员：伤势较轻，神志清楚，自觉症状不明显，但需要观察治疗的伤员。

重伤员：伤势较重，神志可能清楚，但有生命危险或肢体残缺、内脏损伤等严重症状的伤员。

（2）创伤分类

闭合性创伤：皮肤无破裂，但内部器官可能受损的创伤。

开放性创伤：皮肤破裂，内脏或肢体可能受损的创伤。

（3）烧伤分类

一度烧伤：仅损伤表皮层，疼痛较轻，愈合较快。

二度烧伤：损伤表皮和真皮层，疼痛较重，愈合较慢。

三度烧伤：损伤全层皮肤，疼痛较轻，愈合缓慢，可能留下瘢痕。

2）处理原则

（1）救命优先原则

在现场救护中，确保伤员的生命安全是首要任务。对于重伤员，应尽快进行心肺复苏、止血、抗休克等急救措施，提高救治成功率。

（2）分类救治原则

根据伤员的病情和伤势，进行分类救治。轻伤员可现场观察治疗，重伤员需立即送往医院救治。同时，要对伤员进行心理疏导，减轻恐慌和焦虑。

（3）先救命后治伤原则

在现场救护过程中，应首先确保伤员的生命安全，再进行伤口处理、固定等治疗措施。对于生命垂危的伤员，应在现场进行紧急救治，待病情稳定后再转运至医院。

（4）安全转运原则

在伤员转运过程中，要确保伤员的安全。对于不能自行移动的伤员，要采取措施固定伤肢，避免搬运过程中加重伤情。同时，要严密观察伤员病情变化，及时调整救治方案。

（5）及时信息报告原则

现场救护人员应及时将伤员情况、救治措施等信息报告给上级领导和医疗机构，为后续救治工作提供有力支持。

施工现场救护中，伤员分类和处理原则是现场急救人员必须掌握的关键环节。通过对伤员进行及时、有效的救治，可以降低事故伤亡率，保障施工现场的安全与稳定。在现场救护过程中，要始终遵循救命优先、分类救治、先救命后治伤、安全转运和及时信息报告等原则，不断提高施工现场救护水平。

以上重点介绍了施工现场救护中伤员的分类及处理原则，希望对施工现场急救人员有所帮助。在实际工作中，还需不断学习和积累经验，提高自身急救能力，为施工现场的安全保驾护航。

3. 常见伤病的急救方法

施工现场是一个复杂多样的环境，施工过程中可能涉及各种机械设备、工具和材料，因此，施工现场的急救知识对于保障工人的生命安全至关重要。本节将重点介绍施工现场常见伤病的急救方法，旨在提高施工现场工作人员的自救互救能力。

常见伤病的急救方法：

（1）创伤性出血

创伤性出血是施工现场常见的紧急情况之一。处理创伤性出血的方法如下：

① 保持冷静，评估伤情。

② 用干净的纱布、绷带或衣物按压伤口，阻止继续出血。

③若伤口较小，可将伤口边缘捏紧，让出血部位高于心脏。

④若伤口较大，可用止血带或绷带紧紧缠绕伤口上方，但注意不要缠得太紧，以免影响血液循环。

⑤如有条件，可使用止血药物或止血器材。

（2）骨折

骨折现场处理方法如下：

①不要试图移动受伤部位，以免加重伤情。

②在受伤部位周围设置硬板或类似物品，将受伤部位固定住。

③若受伤部位有明显变形或异物插入，切勿尝试取出异物，以免加重伤情。

④尽快送往医院进行进一步救治。

（3）中暑

中暑症状包括皮肤发热、干燥、意识模糊、呼吸急促等。现场急救方法如下：

①迅速将患者移到阴凉通风处，避免阳光直射。

②用湿毛巾擦拭患者额头和颈部，降低体温。

③给予患者含盐饮料，以补充体液。

④若患者意识不清，应将其头部略微抬高，以便呼吸。

⑤尽快拨打120，送往医院救治。

（4）触电

触电现场急救方法如下：

①迅速切断电源，或用不导电的物品断开电源与触电者的接触。

②检查触电者是否丧失意识。若丧失意识，应立即进行心肺复苏。如图6-10所示，对触电人员进行心肺复苏抢救。

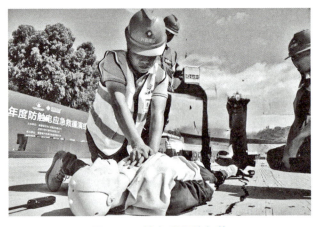

图6-10　触电后心肺复苏

③若触电者仍处于清醒状态，让其平卧，严密观察病情变化。

④ 尽快拨打 120，送往医院救治。

施工现场急救知识的掌握对于保障工人生命安全具有重要意义。通过本节的学习，我们了解了施工现场常见病情的急救方法，包括创伤性出血、骨折、中暑及触电。在实际工作中，我们要时刻保持警惕，发现病情及时采取有效措施，并进行救治。同时，积极参加施工现场急救培训，提高自救互救能力，为广大工人营造一个安全的工作环境。

（三）应急管理

应急管理是指在突发事件或紧急情况下，对事故进行有效预防、应对和处置的一系列措施。在建筑施工现场，应急管理的重要性不言而喻。

1. 应急预案和应急流程

1）应急预案的重要性

施工现场应急预案是针对施工现场可能发生的突发事件和事故制定的应对措施，旨在确保在事故发生时能够迅速、有效地组织救援，减少人员伤亡和财产损失。应急预案对于施工现场的安全管理具有重要意义，它能帮助施工单位提前预测和防范潜在风险，确保施工过程的安全和顺利进行。

2）应急预案的制定

（1）制定原则

包括以下 4 个方面：

① 符合实际情况。

② 全面性。

③ 针对性。

④ 可操作性。

（2）制定步骤

① 现场勘察：对施工现场进行详细勘察，了解工程特点、施工条件、周边环境等，识别潜在风险。

② 风险评估：根据现场勘察结果，评估施工现场的安全风险，确定事故的可能性和危害程度。

③ 制定应急预案：根据风险评估结果，结合施工现场的实际情况，制定应急预案。

④ 评审和修改：组织专家对应急预案进行评审，根据评审意见进行修改完善。

⑤ 培训和演练：对施工现场人员进行应急预案培训，定期组织应急演练，提高应对事故的能力。

3）应急预案的主要内容

（1）应急预案封面

① 应急预案名称：明确应急预案的名称，如"施工现场火灾应急预案"。

② 编制单位：注明应急预案的编制单位，如"某某工程项目经理部"。

③ 编制日期：填写应急预案的编制日期，以便了解应急预案的更新情况。

（2）应急预案正文

① 应急预案目的：阐述应急预案制定的目的和意义。

② 适用范围：明确应急预案适用的施工现场和范围。

③ 应急组织机构：介绍应急预案执行过程中的组织机构及其职责。

④ 应急响应流程：详细描述事故发生后的应急响应流程，包括报警、救援、疏散、灭火等。

⑤ 应急措施：针对不同类型的事故，列出相应的应急措施，如灭火器材的使用、伤员的救治等。

⑥ 应急演练：制定应急预案后，定期组织应急演练，提高应对事故的能力。

⑦ 应急预案更新：根据施工现场实际情况和事故经验，不断更新和完善应急预案。

4）应急预案的实施与监管

（1）应急预案的培训

① 对新入职员工进行应急预案培训，使其了解施工现场的安全风险和应急措施。

② 定期对施工现场人员进行应急预案复习和巩固，提高应对事故的能力。

（2）应急预案的演练

① 定期组织应急预案演练，检验应急预案的可行性和有效性。

② 及时总结演练过程中的优点和不足，不断完善应急预案。

（3）应急预案的监管

① 建立健全应急预案监管机制，确保应急预案的实施和执行。

② 对施工现场的应急预案执行情况进行定期检查，发现问题及时整改。

施工现场应急预案是保障施工现场安全的重要手段，施工单位应充分重视应急预案的制定、实施和监管。通过完善的应急预案，提高施工现场应对突发事件的能力，降低事故发生的概率，确保施工现场的安全生产。

2. 消防和救护的职责和责任

随着我国经济的快速发展，建筑行业日益繁荣，施工现场的安全问题愈发引人关注。施工现场突发事件，如火灾、事故等，不仅可能导致财产损失，还可能威胁到人员的生命安全。因此，加强施工现场应急管理，提高施工现场消防安全和救护水平，是预防事故、减少损失的重要手段。

1）消防安全职责

（1）施工现场应明确消防安全责任人，负责施工现场的日常消防安全管理工作。

（2）施工现场应根据火灾风险等级，配置相应的消防器材、设施，并保证其完好、有效。

（3）施工现场应建立健全消防管理制度，定期开展消防检查，整改火灾隐患。

（4）施工现场应制定火灾应急预案，明确火灾发生时的扑救、疏散、报告等流程。

2）救护职责

（1）施工现场应明确救护责任人，负责施工现场的日常救护管理工作。

（2）施工现场应配置必要的救护器材、药品，并保证其完好、有效。

（3）施工现场应定期开展救护培训，提高从业人员自救互救能力。

（4）施工现场发生事故时，救护责任人应立即组织救援，并报告相关部门。

3. 事故案例分析和应对策略

1）事故案例分析

案例一：高处坠落事故

某施工现场，由于高处作业无平台或作业平台未满铺、无防护栏、无安全防护网、作业人员未按规定佩戴安全带等原因，导致一名工人从高处坠落，送医院抢救无效后不幸死亡。

案例二：触电事故

在某住宅楼施工现场，一名工人因未按照规定使用绝缘手套和绝缘鞋，在操作电动工具时不幸触电，送往医院后脱离生命危险。

案例三：物体打击事故

在某商业广场施工现场，由于堆放的模板等杂物未进行有效清理，导致一场大风将模板吹倒，击中一名正在施工的工人，使其受伤。

2）应对策略

（1）加强施工现场安全管理

① 建立健全安全管理制度，确保各项安全措施得到有效落实。

② 加强对施工现场的安全检查，发现问题及时整改。

③ 提高施工现场作业人员的安全意识，加强安全培训和教育。

（2）完善应急预案

① 针对不同事故类型，制定应急预案。

② 定期组织应急演练，提高应急响应能力。

（3）加强法律法规宣传和培训

① 对施工现场管理人员和作业人员进行法律法规培训，增强其法律意识。

② 定期开展法律法规宣传活动，提高施工现场全体人员的安全素质。

（4）落实安全生产责任

① 明确各级管理人员和作业人员的安全生产责任。

② 建立健全安全生产考核制度，确保安全生产责任得到有效落实。

（5）提高施工现场环境保护措施

① 制定施工现场环境保护措施，防止环境污染。

② 加强对施工现场废弃物的管理，实现绿色施工。

通过事故案例分析、处理可以看出，施工现场应加强安全管理，完善应急预案，加强法律法规宣传和培训，落实安全生产责任，提高施工现场环境保护措施，以确保施工现场的安全生产和环境保护。

第七章　环境保护、文明施工基础知识

第一节　施工现场环境保护相关知识

（一）环境保护法律法规

环境保护法律法规在我国的环境保护工作中起着至关重要的作用。环境保护法律法规主要包括国家法律法规、部门规章和地方政府规章三个层次。

环境保护法律法规是我国环境保护工作的法制保障。环境保护法律法规旨在加强对环境资源的保护，防止环境污染和生态破坏，促进经济社会可持续发展。我国环境保护法律法规体系主要包括以下几个方面：

（1）宪法：宪法是国家的根本大法，为环境保护提供了基本法律依据。宪法规定，国家保障生态环境的可持续发展，公民、法人及其他组织有义务保护环境。

（2）环境保护法：《中华人民共和国环境保护法》是环境保护领域的综合性法律，对环境保护的基本原则、政策制度、监督管理等方面进行了规定。

（3）污染防治法：包括《中华人民共和国大气污染防治法》《中华人民共和国水污染防治法》《中华人民共和国固体废物污染环境防治法》等，针对不同污染源和污染物进行防治。

（4）资源保护法：包括《中华人民共和国土地管理法》《中华人民共和国矿产资源法》《中华人民共和国森林法》《中华人民共和国草原法》《中华人民共和国渔业法》等，对自然资源的开发、利用、保护和恢复进行规范。

（5）生态保护法：包括《中华人民共和国自然保护区条例》《风景名胜区条例》《中国生物多样性司法保护》等，对生态环境保护、生物多样性维护等方面进行规定。

施工现场环境保护管理的重要性不言而喻，它不仅关乎工程质量，更影响到周边环境和公众利益。本节将从施工现场环境保护管理的重要性、环境保护管理组织机构、环境保护管理流程以及施工现场应急管理四个方面，深入探讨施工现场环境保护管理的相关问题。施工现场环境和安全保护如图7-1所示。

图 7-1 施工现场环境和安全保护

施工现场环境保护管理的重要性体现在以下几个方面：

（1）法律法规要求：《中华人民共和国环境保护法》等相关法律法规明确规定，建设和施工单位必须采取措施，防止施工过程中对环境造成污染和破坏。施工现场环境保护管理是依法施工的必要条件。

（2）企业社会责任：作为企业，履行社会责任是基本要求。良好的环境保护管理不仅能减少环境污染，还能提升企业形象，增强社会信誉。

（3）工程质量保障：环境保护管理到位，可以有效防止施工过程中产生的废弃物、污染物对工程质量的影响，确保工程的长久稳定。

（4）经济效益：良好的环境保护管理可以提高施工效率，降低环境保护事故风险，从而降低施工成本。

（5）公众利益：施工现场环境保护管理直接关系到周边环境和公众的生活质量，是维护社会稳定，构建和谐社会的重要保障。

（二）施工现场环境保护监管

1. 施工现场环境保护监管的重要性

1）环境保护的意义

环境保护是指采取措施，预防和控制环境污染，保护生态环境，使自然环境处于良好状态，以支持人类的生存和发展。在施工现场，环境保护尤为重要，因为它直接关系到工程质量、施工安全和周边环境的可持续发展。

2）施工现场环境保护监管的必要性

施工现场环境保护监管是确保施工过程中环境安全、预防和控制环境污染的关键。通过监管，可以促使施工企业严格遵守环境保护法律法规，采取有效措施减少施工对环境的影响。如图 7-2 所示为现场监督检查用水安全。

图 7-2　现场监督检查用水安全

3）施工现场环境保护监管的作用

（1）保障人民群众生态环境权益。

（2）促进绿色施工，提高工程质量。

（3）落实国家环保政策，响应绿色发展理念。

（4）提升企业社会责任感，树立良好形象。

2. 监督检查的程序和要求

1）监督检查的程序

（1）前期准备：了解施工现场基本情况，制定监督检查计划。

（2）现场查看：到施工现场实地查看环保设施运行情况、施工噪声、粉尘等污染源。

（3）资料审核：查阅施工企业环保手续、管理制度、监测数据等资料。

（4）沟通交流：与施工企业、项目部相关人员座谈，了解环保工作落实情况，提出整改要求。

（5）整改落实：对发现的问题，下达整改通知，督促施工企业整改。

（6）复查验收：对整改情况进行复查，确保问题得到解决。

2）监督检查的要求

（1）检查人员应具备专业知识，熟悉环境保护法律法规。

（2）检查过程应严格依法进行，确保公正、公开、透明。

（3）检查记录应完整、真实，便于日后追溯。

（4）对发现的问题，要督促施工企业及时整改，确保整改到位。

（5）检查结果应予以公示，接受社会监督。

3. 违法行为处理

1）违法行为的认定

施工现场环境保护违法行为主要包括：未办理环保手续、未采取环保措施、环保设施不完善、超标排放污染物等。

2）违法行为的处理

（1）责令改正：对违法行为下达责令改正通知书，要求施工企业在规定时间内整改。

（2）行政处罚：对逾期不改正或整改不到位的施工企业，依法予以行政处罚，包括罚款、停产整顿等。

（3）行政强制措施：对严重违法行为，依法采取行政强制措施，如查封、扣押、拆除违法设施等。

（4）刑事责任：对于涉嫌犯罪的违法行为，依法追究刑事责任。

4. 环境保护监管的信息公开

1）信息公开的意义

环境保护监管信息公开是提高监管透明度、保障公众环境权益的重要手段。信息公开有助于加强社会监督，推动施工企业自觉履行环保责任。

2）信息公开的内容

（1）施工企业环保手续情况。

（2）施工现场环保措施落实情况。

（3）监督检查过程及整改情况。

（4）违法行为处理情况。

（5）环保监管政策、法规、标准等。

3）信息公开的方式

（1）政府网站公开。

（2）报纸、电视等新闻媒体公开。

（3）环保部门公告栏公开。

（4）施工现场公示牌公开。

（三）施工现场环境保护案例分析

环境保护是我国社会经济发展的重要议题，尤其在建筑、城市基础设施和工业园区建设等领域，环境保护更是不容忽视的问题。施工现场环境保护案例分析旨在通过对实际项目的剖析，总结经验教训，为今后施工项目提供环境保护的借鉴。

1. 建筑施工环境保护案例

案例一：某住宅项目施工过程中，施工方采取了绿色施工措施，如减少噪声污染、粉尘污染，合理堆放建筑垃圾等。通过加强环保管理，项目竣工后，周边环境得到了有效保护，得到了业主和居民的好评。

案例二：某商业综合体项目在施工过程中，对施工现场进行了封闭式管理，有效地减少了施工对周边环境的污染。同时，项目还采用了环保材料，降低了施工过程中的碳排放。

2. 城市基础设施建设环境保护案例

案例一：某城市道路施工项目，施工方在施工过程中采用了低噪声、低粉尘的施工工艺，同时对施工废水和固体废物进行了妥善处理。项目完成后，周边环境质量得到了明显提升。

案例二：某城市地铁项目，在施工过程中对地下文物保护、地面绿化等方面进行了充分考虑。通过精细化管理，项目在提高工程质量的同时，最大限度地减少了施工对环境的影响。

3. 工业园区建设环境保护案例

案例一：某高新技术产业园区在建设过程中，充分考虑了环保因素，对入园企业进行了严格的环保审查。园区内企业均采用了先进的环保设施，实现了污染物减排目标。

案例二：某化工园区在建设过程中，对危险废物进行了严格管理，确保危险废物得到妥善处理。同时，园区还对污水处理、废气治理等方面进行了系统化建设，实现了园区绿色发展。

通过对以上案例的分析，我们可以看出，施工现场环境保护具有重要意义。在今后的工作中，施工方、业主方和管理部门应继续加强合作，从源头把控环保问题，推广绿色施工技术和管理方法。同时，加大对违法行为的查处力度，确保施工现场环境保护工作落到实处。

此外，施工现场环境保护还应与城市绿色发展、生态文明建设等国家战略相结合，推动建筑行业转型升级，为实现我国绿色发展目标贡献力量。

第二节　成品、半成品保护相关知识

（一）保护工作概述

成品和半成品的保护工作是产品质量管理的重要组成部分。在我国，随着经济建设的快速发展，各行各业对产品质量和安全性要求越来越高，成品和半成品的保护工作显得尤为关键。成品和半成品保护工作的目的，简单来说，就是为了确保产品在生产、储存、运输、销售和使用过程中，不受到外部环境、人为因素和其他有害物质的损害，从而保证产品的质量、安全和使用寿命。在此基础上，保护工作还需要兼顾环境保护、资源利用和社会责任等方面的要求。

1. 保护工作的意义

成品和半成品保护工作的意义体现在以下几个方面：

首先，保护成品和半成品有助于提高产品质量和可靠性。通过采取严格的保护措施，可以降低产品在生产、储存、运输等环节中的损耗，确保产品在交付客户时具备良好的性能和外观。这对于提升我国制造业的整体竞争力具有重要意义。如图7-3和图7-4所示，为半成品的存放和堆放。

图7-3　施工现场钢筋的堆放

图7-4　施工现场木模板的堆放

其次，成品和半成品保护有助于减少企业生产成本。合理的保护措施可以降低产品的故障率、维修率和退货率，从而降低企业的售后服务成本。同时，保护工作还可以减少因产品质量问题导致的赔偿、召回等额外支出。

再次，成品和半成品保护有助于提高生产效率。通过加强保护工作，企业可以降低因产品质量问题导致的生产中断、设备故障等现象，确保生产线的稳定运行。此外，对半成品的妥善保管也有助于缩短生产周期，提高生产效率。

最后，成品和半成品保护是企业实现可持续发展的重要保障。加强成品和半成品保护工作，有助于树立企业良好的口碑和形象，提高客户满意度和忠诚度。同时，保护工作也有利于降低资源浪费，减少环境污染，推动企业实现绿色、低碳、可持续发展。

总之，成品和半成品保护工作对于提高我国制造业的核心竞争力、降低生产成本、提高生产效率以及实现可持续发展具有重要作用。企业应充分认识其重要性，切实加强成品和半成品保护工作。

2. 保护工作的基本原则

在建筑工程中，半成品和成品的保护工作至关重要。为确保工程质量、安全和文明施工，施工过程中应遵循一定的保护工作基本原则。

（1）全面保护原则：针对工程半成品和成品，实行全面保护。从原材料采购、加工、运输、储存、施工到工程交付使用，确保各个环节都有相应的保护措施。

（2）预防为主原则：采取预防措施，提前预测可能出现的损坏因素，并制定相应的防护措施。例如，针对气候变化、施工现场环境、施工设备等因素，采取相应的防护手段，降低半成品和成品的损坏风险。

（3）责任明确原则：明确各部门、岗位及施工人员的责任，确保各司其职，共同维护半成品和成品的保护工作。例如，施工单位应负责施工现场的管理和维护，作业人员应严格遵守操作规程，严禁违章作业。

（4）及时养护原则：对半成品和成品进行及时的养护，确保其在施工过程中始终保持良好的使用状态。例如，对混凝土结构进行湿润养护，避免表面龟裂，对钢结构进行定期除锈、涂漆，延长使用寿命等。

（5）文明施工原则：倡导文明施工，提高施工人员的安全意识和保护意识。加强施工现场的管理，严禁乱扔垃圾、随意拆卸设备等不文明行为，确保工程半成品和成品的安全。

（6）持续改进原则：在施工过程中，不断总结经验，分析半成品和成品保护工作的不足，持续改进。例如，针对以往工程中出现的问题，制定相应的预防措施，提高保护工作的效果。

遵循半成品和成品保护工作基本原则，有助于确保建筑工程的质量和安全。施工过程中，各方应共同努力，切实履行职责，加强管理，采用合理的防护措施，提高保护工作的水平。

（二）成品、半成品保护

成品、半成品的保护是建筑工程中不可或缺的一环。只有加强对成品、半成品的保护，才能确保工程质量和安全，提高施工效率，降低成本。

1. 墙体保护

墙体作为建筑物的重要组成部分，其保护至关重要。下面将重点介绍砖墙和石墙的保护措施。

1）砖墙保护

砖墙在我国建筑中有着广泛的应用，其保护措施主要包括以下几点：

（1）确保砖墙的施工质量。砖墙的砌筑应严格按照规范进行，砂浆的饱满度和粘结强度应满足要求，避免墙体开裂、倾斜等质量问题。

（2）做好防水处理。

（3）避免墙体受力过大。

（4）定期检查与维护。对砖墙进行定期检查，发现裂缝、空鼓等问题时，应及时进行修复，确保墙体的安全使用。

2）石墙保护

石墙具有较高的观赏性和实用性，其保护措施如下：

（1）确保石墙的材料质量。选用质地坚硬、无裂缝、无风化的石材。

（2）做好砂浆层处理。石墙的砌筑过程中，应采用合适的砂浆进行粘结，确保石墙的稳定性和整体性。

（3）防水与排水。在墙体基层进行防水处理，确保基层干燥；同时应设置排水设施，确保石墙底部不积水。

（4）定期检查与维护。

墙体保护是保障建筑物安全、延长使用寿命的重要措施。通过对砖墙和石墙的保护措施的了解和实施，可以有效保障墙体的稳定性和安全性，为建筑物的持久稳定提供保障。在实际工程中，施工人员和建筑管理者应根据具体情况，采取相应的保护措施，确保墙体的安全使用。

2. 屋面保护

屋面保护是建筑施工过程中不可或缺的一环，是确保施工人员在作业过程中的人身安全，同时保护建筑物的结构完整。下面将重点介绍平顶屋面保护和斜面屋面保护的相关知识。

1）平顶屋面保护

（1）平顶屋面施工要求

① 平顶屋面的结构应严格按照设计图纸和相关规范进行施工。

② 施工前，应清理屋面上的杂物，检查防水处理是否合格。

（2）平顶屋面保护措施

① 设置安全防护栏杆，高度不应低于1.2m。

② 在屋面边缘设置防护网，防护网间距不大于40cm。

③ 在施工区域内，设置安全警示标志，提醒施工人员注意安全。

2）斜面屋面保护

（1）斜面屋面施工要求

① 斜面屋面的结构应严格按照设计图纸和相关规范进行施工。

② 施工前，应清理屋面上的杂物，检查防水处理是否合格。如图7-5所示为斜面屋面的检修和维护。

图 7-5　斜面屋面定期维护

（2）斜面屋面保护措施

① 在斜面屋面设置安全防护栏杆，高度不应低于1.2m，防护栏杆应具备良好的稳定性。

② 在斜面屋面边缘设置防护网，防护网间距不大于40cm。

③ 在施工区域内，设置安全警示标志，提醒施工人员注意安全。

屋面保护是建筑施工过程中至关重要的环节，施工单位应严格按照相关规范进行施工，并采取有效措施确保施工安全。通过本节的学习，希望大家能够掌握平顶屋面保护和斜面屋面保护的基本知识和要求，为建筑施工安全保驾护航。

3. 门窗保护

门窗作为建筑的外立面组成部分，不仅起到隔绝室内外环境、保温、防水、通风等功能，还体现了建筑的美学效果。为了延长门窗的使用寿命，确保其功能和美观度，我们需要对各类门窗进行合理的保护。下面将介绍木质门窗、铝合金门窗和钢质门窗的保护方法。

1）木质门窗保护

木质门窗具有天然环保、质地坚固、美观大方等优点，但在使用过程中，容易受到湿度、温度、虫蛀等影响。为了保护木质门窗，我们可以采取以下措施：

（1）定期清洁：使用软布擦拭门窗表面，去除灰尘和污渍，避免使用含有碱性或酸性成分的清洁剂。

（2）防止潮湿：木质门窗惧怕潮湿，应定期检查门窗框缝、排水槽等部位，确保密封良好，防止雨水渗入。

（3）上漆保养：每隔一年或两年，对木质门窗进行一次上漆保养，以延长其使用寿命。

（4）防虫蛀：在门窗框四周涂抹防虫剂，防止虫蛀。

2）铝合金门窗保护

铝合金门窗具有轻质、高强度、耐腐蚀、美观等特点，但在使用过程中，也存在一定的问题。如图7-6所示为铝合金玻璃门。为了保护铝合金门窗，我们可以采取以下措施：

（1）清洁保养：使用软布擦拭门窗表面，去除灰尘和污渍。避免使用含有碱性或酸性成分的清洁剂。

（2）防止撞击：避免用力撞击门窗，以免损伤表面涂层。

（3）润滑滑槽：定期润滑门窗滑槽，确保门窗开合顺畅。

图7-6　铝合金玻璃门

3）钢质门窗保护

钢质门窗具有坚固、耐磨、美观等优点，但在使用过程中，也需注意保护。我们可以采取以下措施：

（1）清洁保养：使用软布擦拭门窗表面，去除灰尘和污渍。避免使用含有碱性或酸性成分的清洁剂。

（2）防止撞击：避免用力撞击门窗，以免损伤表面涂层。

（3）润滑滑槽：定期润滑门窗滑槽，确保门窗开合顺畅。

（4）避免酸碱侵蚀：钢质门窗惧怕酸碱侵蚀，应避免将门窗暴露在酸碱环境中。

通过以上措施，我们可以有效地保护木质、铝合金和钢质门窗，延长其使用寿命，确保建筑的美观和安全。在学习本章内容后，希望大家能够掌握门窗保护的基本方法，并在实际操作中灵活运用。

第三节　安全文明施工

（一）安全文明施工的重要性

1）提高工程质量

安全文明施工有助于确保工程项目的顺利进行，降低施工过程中的事故风险，从而提高工程质量。通过严格遵守施工规范，规范施工操作，可以避免因施工不当导致的质量问题。

2）保障人员生命安全

安全文明施工的核心是保障施工现场人员的安全。通过对施工现场进行有效管理，提高施工人员的安全意识，落实安全防护措施，降低事故发生的风险，确保人员生命安全。

3）提升企业形象

安全文明施工有助于提升企业形象。一个重视安全生产、积极推行文明施工的企业，在业内和社会各界眼中具有更高的信誉度，有利于企业长远发展。

4）节约资源、降低成本

安全文明施工可以有效节约资源，降低施工成本。通过合理规划施工现场，减少安全事故发生，避免因事故导致的停工、赔偿等额外支出。

5）环境保护

安全文明施工强调对施工现场的环境保护。严格执行环保法规，降低施工过程中对周边环境的影响，实现绿色施工，促进可持续发展。

（二）安全文明施工的主要内容

1）安全生产管理

安全生产管理是安全文明施工的基础。如图 7-7 所示为文明施工现场。

图 7-7　文明施工现场

2）施工现场组织与管理

施工现场组织与管理包括施工现场平面布置、施工流程组织、施工现场交通疏导、施工现场环境卫生等方面。通过科学合理的现场布置，确保施工现场安全、有序、环保。

3）施工现场安全防护

施工现场安全防护主要包括高处作业防护、施工现场用电安全、机械设备安全、施工现场防火等方面。对施工现场进行有效防护，降低安全事故发生的风险。

4）施工废弃物管理

施工废弃物管理是施工现场环保的重要组成部分。企业应加强对施工废弃物的分类、收集、处理和排放管理，减少对环境的影响。如图 7-8 所示为工程施工中常见的固体垃圾。

图 7-8　工程中常见的固体垃圾

5）文明施工行为规范

文明施工行为规范包括施工人员着装规范、施工现场卫生规范、施工噪声控制、施工秩序维护等方面。通过规范施工行为，营造良好的施工现场环境。

（三）安全文明施工的实施措施

1）加强组织领导

企业应成立安全文明施工领导小组，明确各部门职责，加强对安全文明施工的组织与领导。

2）制定实施计划

根据工程项目特点，制定具体的安全文明施工实施计划，明确施工目标、措施、责任人和完成时间。

3）落实责任制度

建立健全安全生产责任制度，明确各级管理人员、施工人员的安全职责，确保安全文明施工落到实处。

4）加强培训和教育

定期对施工人员进行安全培训和教育，提高安全意识和技能水平，确保施工过程中的人身安全。

5）建立健全监督检查机制

6）营造良好氛围

通过举办各类活动，积极营造安全文明施工的良好氛围，提高施工人员的安全文明素质。

总之，安全文明施工是施工现场管理的重要组成部分。企业应高度重视安全文明施工，切实加强组织领导，完善管理制度，落实责任追究，加强培训教育，提高施工现场的整体水平，为工程质量、人员安全、企业形象提供有力保障。

第八章 相关法律、法规知识基础知识

第一节 《中华人民共和国土地管理法》相关知识

为了加强土地管理，维护土地的社会主义公有制，保护、开发土地资源，合理利用土地，切实保护耕地，促进社会经济的可持续发展，根据宪法，制定本法。

（一）现行主要土地管理制度

1. 土地所有制

我国的土地有两种所有制形式：全民所有（国家所有）和农民集体所有。

2. 耕地保护制度

国家保护耕地，严格控制耕地转为非耕地。国家实行占用耕地补偿制度。非农业建设经批准占用耕地的，按照"占多少，垦多少"的原则，由占用耕地的单位负责开垦与所占用耕地的数量和质量相当的耕地。

3. 基本农田保护制度

国家实行基本农田保护制度。各省、自治区、直辖市划定的基本农田应当占本行政区域内耕地的百分之八十以上。基本农田保护区以乡镇为单位进行划区定界，由县级人民政府土地行政主管部门会同同级农业行政主管部门组织实施。

4. 用途管制制度

土地用途管制是指国家为保证土地资源的合理利用，经济、社会和环境的协调发展，通过编制土地利用总体规划划定土地利用区，确定土地使用限制条件，土地的所有者、使用者必须严格按照国家确定的用途利用土地，违者将受到严厉处罚的制度。

（二）农村建设用地管理

1. 农用地转为建设用地审批

农用地转用是指依据土地利用总体规划、年度土地利用计划和国家规定的批准权限批准后，将现状的农用地转为建设用地的行为，又称为农用地转为建设用地。

建设用地批准分为农用地转用批准和集体土地征收批准两种形式。

2. 集体建设用地的主要形式和使用主体

（1）主要形式：乡镇企业、乡镇村公共设施和公益事业建设、农村村民住宅三类建设可以使用农民集体所有土地。

（2）农村宅基地的使用主体，必须是符合使用宅基地的本村集体经济组织的成员。

第二节 《中华人民共和国城乡规划法》相关知识

为了加强城乡规划管理，协调城乡空间布局，改善人居环境，促进城乡经济社会全面协调可持续发展，制定本法。

（一）城乡规划的概念

城乡规划是政府对一定时期内城市、镇、乡、村庄的建设布局、土地利用以及经济和社会发展有关事项的总体安排和实施措施，是政府指导和调控城乡建设和发展的基本手段之一。

（二）城乡规划的制定

制定和实施城乡规划，应当遵循城乡统筹、合理布局、节约土地、集约发展和先规划后建设的原则，改善生态环境，促进资源、能源节约和综合利用，保护耕地等自然资源和历史文化遗产，保持地方特色、民族特色和传统风貌，防止污染和其他公害，并符合区域人口发展、国防建设、防灾减灾和公共卫生、公共安全的需要。

（三）城乡规划的分类

城乡规划，包括城镇体系规划、城市规划、镇规划、乡规划和村庄规划。城市规划、镇规划分为总体规划和详细规划。详细规划分为控制性详细规划和修建性详细规划。

（四）城乡规划管理

1. 城乡规划实施管理制度

我国城镇规划实施管理实行"一书两证"（选址意见书、建设用地规划许可证和建设工程规划许可证）的规划管理制度，我国乡村规划管理实行乡村建设规划许可证制度。

2. 城乡规划管理中公民和单位的权利和义务

（1）任何单位和个人都有必须履行经依法批准并公布的城乡规划的义务。

（2）任何单位和个人有权就涉及其利害关系的建设活动是否符合规划的要求向城乡规划主管部门查询。

（3）任何单位和个人都有权向城乡规划主管部门或者其他有关部门进行举报或者控告违反城乡规划的行为。

（五）建设用地规划许可证管理

在乡、村庄规划区内进行乡镇企业、乡村公共设施和公益事业建设的，建设单位或者个人应当向乡、镇人民政府提出申请，由乡、镇人民政府报城市、县人民政府城乡规划主管部门核发乡村建设规划许可证。

在乡、村庄规划区内进行乡镇企业、乡村公共设施和公益事业建设以及农村村民住宅建设，不得占用农用地。确需占用农用地的，应当依照《中华人民共和国土地管理法》有关规定办理农用地转用审批手续后，由城市、县人民政府城乡规划主管部门核发乡村建设规划许可证。

第三节 《中华人民共和国建筑法》相关知识

为了加强对建筑活动的监督管理，维护建筑市场秩序，保证建筑工程的质量和安全，促进建筑业健康发展，制定本法。

（一）建筑安全生产管理的有关规定

1. 安全生产责任制度

安全生产责任制度是将企业各级负责人、各职能机构及其工作人员和各岗位作业人员在安全生产方面应做的工作及应负的责任加以明确规定的一种制度。

建筑施工单位的安全生产责任制主要包括企业各级领导人员的安全职责、企业各有关职能部门的安全生产职责以及施工现场管理人员及作业人员的安全职责三个方面。

2. 群防群治制度

群防群治制度是职工群众进行预防和治理安全的一种制度。

3. 安全生产教育培训制度

《建筑法》第四十六条规定：建筑施工企业应当建立健全劳动安全生产教育培训制度，加强对职工安全生产的教育培训。未经安全生产教育培训的人员，不得上岗作业。

4. 伤亡事故处理报告制度

《建筑法》第五十一条规定：施工中发生事故时，建筑施工企业应当采取紧急措施减少人员伤亡和事故损失，并按照国家有关规定及时向有关部门报告。

事故处理必须遵循一定的程序，做到"四不放过"，即事故原因不清不放过、事故责任者和群众没有受到教育不放过、事故隐患不整改不放过、事故的责任者没有受到处理不放过。通过对事故的严格处理，可以总结出教训，为制定规程、规章提供第一手素材，做到亡羊补牢。

5. 安全生产检查制度

安全生产检查制度是上级管理部门或企业自身对安全生产状况进行定期或不定期检查的制度。

6. 安全责任追究制度

建设单位、设计单位、施工单位、监理单位，由于没有履行职责造成人员伤亡和事故损失的，视情节给予相应处理。情节严重的，责令停业整顿，降低资质等级或吊销资质证书。构成犯罪的，依法追究刑事责任。

（二）建筑工程质量管理的有关规定

1. 建设工程竣工验收制度

《建筑法》第六十一条规定：交付竣工验收的建筑工程，必须符合规定的建筑工程质量标准，有完整的工程技术经济资料和经签署的工程保修书，并具备国家规定的其他竣工条件。建筑工程竣工经验收合格后，方可交付使用。未经验收或者验收不合格的，不得交付使用。

2. 建设工程质量保修制度

建设工程质量保修制度，是指建设工程竣工经验收后，在规定的保修期限内，因勘察、设计、施工、材料等原因造成的质量缺陷，应当由施工承包单位负责维修、返工或更换，由责任单位负责赔偿损失的法律制度。建设工程质量保修制度对于促进建设各方加强质量管理，保护用户及消费者的合法权益可起到重要的保障作用。

第四节 《中华人民共和国劳动合同法》相关知识

为了完善劳动合同制度，明确劳动合同双方当事人的权利和义务，保护劳动者的合法权益，构建和发展和谐稳定的劳动关系，制定本法。

（一）劳动合同基本知识

劳动合同是在市场经济体制下，用人单位与劳动者进行双向选择、确定劳动关系、明确双方权利与义务的协议，是保护劳动者合法权益的基本依据。所谓劳动关系，是指劳动者与用人单位在实现劳动过程中建立的社会经济关系。

1. 订立劳动合同应当遵守的原则

《劳动合同法》规定，订立劳动合同，应当遵循合法、公平、平等自愿、协商一致、诚实信用的原则。依法订立的劳动合同具有约束力，用人单位与劳动者应当履行劳动合同约定的义务。用人单位招用劳动者，不得要求劳动者提供担保或者以其他名义向劳动者收取财物。不得扣押劳动者的居民身份证或者其他证件。

2. 劳动合同的种类

根据《劳动合同法》，劳动合同分为固定期限劳动合同、无固定期限劳动合同和以完成一定工作任务为期限的劳动合同。

3. 集体合同

企业职工一方与用人单位通过平等协商，可以就劳动报酬、工作时间、休息休假、劳动安全卫生、保险福利等事项订立集体合同。集体合同草案应当提交职工代表大会或者全体职工讨论通过。集体合同由工会代表企业职工一方与用人单位订立。尚未建立工会的用人单位，由上级工会指导劳动者推举的代表与用人单位订立。

（二）用工模式的规定

1. 劳务派遣

劳务派遣，也称劳动力派遣、劳动派遣或人才租赁，是指依法设立的劳务派遣单位与劳动者订立劳动合同，依据与接受劳务派遣单位（即实际用工单位）订立的劳务派遣协议，将劳动者派遣到实际用工单位工作，由派遣单位向劳动者支付工资、福利及社会保险费用，实际用工单位提供劳动条件并按照劳务派遣协议支付用工费用的新型用工方式。其显著特征是劳动者的聘用与使用分离。

2. 劳务分包企业

建设部《关于建立和完善劳务分包制度发展建筑劳务企业的意见》提出，以发展劳务企业为突破口，建立预防建设领域拖欠农民工工资的长效机制，规范建筑市场秩序，建立和完善劳务分包制度，调整全行业建筑队伍组织结构，提高劳务队伍的职业素质，保障工程质量和安全。

第五节 《中华人民共和国安全生产法》相关知识

为了加强安全生产工作，防止和减少生产安全事故，保障人民群众生命和财产安全，促进经济社会持续健康发展，制定本法。

（一）从业人员的安全生产权利和义务

1. 安全生产中从业人员的权利

生产经营单位与从业人员订立的劳动合同，应当载明有关保障从业人员劳动安全、防止职业危害的事项，以及依法为从业人员办理工伤保险的事项。

生产经营单位不得以任何形式与从业人员订立协议，免除或者减轻其对从业人员因生产安全事故伤亡依法应承担的责任。

生产经营单位的从业人员有权了解作业场所和工作岗位存在的危险因素、防范措施及事故应急措施，有权对本单位的安全生产工作提出建议。

从业人员有权对本单位安全生产工作中存在的问题提出批评、检举、控告。有权拒绝违章指挥和强令冒险作业。

生产经营单位不得因从业人员对本单位安全生产工作提出批评、检举、控告或者拒绝违章指挥、强令冒险作业而降低其工资、福利等待遇或者解除与其订立的劳动合同。

从业人员发现直接危及人身安全的紧急情况时，有权停止作业或者在采取可能的应急措施后撤离作业场所。

生产经营单位不得因从业人员在前款紧急情况下停止作业或者采取紧急撤离措施而降低其工资、福利等待遇或者解除与其订立的劳动合同。

生产经营单位发生生产安全事故后，应当及时采取措施救治有关人员。

因生产安全事故受到损害的从业人员，除依法享有工伤保险外，依照有关民事法律尚有获得赔偿的权利的，有权提出赔偿要求。

2. 安全生产中从业人员的义务

从业人员在作业过程中，应当严格落实岗位安全责任，遵守本单位的安全生产规章制度和操作规程，服从管理，正确佩戴和使用劳动防护用品。

从业人员应当接受安全生产教育和培训，掌握本职工作所需的安全生产知识，提高安全生产技能，增强事故预防和应急处理能力。

从业人员发现事故隐患或者其他不安全因素，应当立即向现场安全生产管理人员或者本单位负责人报告。接到报告的人员应当及时予以处理。

（二）生产安全事故的应急救援、报告与调查处理

1. 生产安全事故的应急救援

国家加强生产安全事故应急能力建设，在重点行业、领域建立应急救援基地和应

急救援队伍，并由国家安全生产应急救援机构统一协调指挥。鼓励生产经营单位和其他社会力量建立应急救援队伍，配备相应的应急救援装备和物资，提高应急救援的专业化水平。

生产经营单位应当制定本单位生产安全事故应急救援预案，与所在地县级以上地方人民政府组织制定的生产安全事故应急救援预案相衔接，并定期组织演练。

危险物品的生产、经营、储存单位以及矿山、金属冶炼、城市轨道交通运营、建筑施工单位应当建立应急救援组织。生产经营规模较小的，可以不建立应急救援组织，但应当指定兼职的应急救援人员。

危险物品的生产、经营、储存、运输单位以及矿山、金属冶炼、城市轨道交通运营、建筑施工单位应当配备必要的应急救援器材、设备和物资，并进行经常性维护、保养，保证正常运转。

2. 生产安全事故的报告

生产经营单位发生生产安全事故后，事故现场有关人员应当立即报告本单位负责人。单位负责人接到事故报告后，应当迅速采取有效措施，组织抢救，防止事故扩大，减少人员伤亡和财产损失，并按照国家有关规定立即如实报告当地负有安全生产监督管理职责的部门，不得隐瞒不报、谎报或者迟报，不得故意破坏事故现场、毁灭有关证据。

3. 生产安全事故的调查处理

生产经营单位发生生产安全事故，经调查确定为责任事故的，除了应当查明事故单位的责任并依法予以追究外，还应当查明对安全生产的有关事项负有审查批准和监督职责的行政部门的责任，对有失职、渎职行为的，依照本法第九十条的规定追究法律责任。

第六节 《中华人民共和国产品质量法》相关知识

为了加强对产品质量的监督管理，提高产品质量水平，明确产品质量责任，保护消费者的合法权益，维护社会经济秩序，制定本法。

（一）产品标准和产品质量

1. 产品标准

产品标准是指对产品所做的技术规定，它是判断产品合格与否的主要依据。《产品质量法》第十二条规定，产品质量应当检验合格。所谓合格，是指产品的质量状况符合标准中规定的具体指标。

2. 产品质量

所谓产品质量，是指产品满足需要的适用性、安全性、可用性、可靠性、可维修性、经济性等特征和特性的总和。

（二）产品质量责任

产品质量责任是指产品的生产者、销售者以及对产品质量负有直接责任的人违反《产品质量法》规定的产品质量义务应承担的法律后果。

第七节 《中华人民共和国劳动法》相关知识

为了保护劳动者的合法权益，调整劳动关系，建立和维护适应社会主义市场经济的劳动制度，促进经济发展和社会进步，根据宪法，制定本法。

（一）劳动安全卫生制度

1. 用人单位必须建立、健全劳动安全卫生制度，严格执行国家劳动安全卫生规程和标准，对劳动者进行劳动安全卫生教育，防止劳动过程中的事故，减少职业危害。

2. 劳动安全卫生设施必须符合国家规定的标准。

新建、改建、扩建工程的劳动安全卫生设施必须与主体工程同时设计、同时施工、同时投入生产和使用。

3. 用人单位必须为劳动者提供符合国家规定的劳动安全卫生条件和必要的劳动防护用品，对从事有职业危害作业的劳动者应当定期进行健康检查。

4. 从事特种作业的劳动者必须经过专门培训并取得特种作业资格。

5. 劳动者在劳动过程中必须严格遵守安全操作规程。劳动者对用人单位管理人员违章指挥、强令冒险作业，有权拒绝执行。对危害生命安全和身体健康的行为，有权提出批评、检举和控告。

（二）工伤处理的规定

1. 工伤认定

1）应当认定为工伤的情形

（1）在工作时间和工作场所内，因工作原因受到事故伤害的。

（2）工作时间前后在工作场所内，从事与工作有关的预备性或者收尾性工作受到事故伤害的。

（3）在工作时间和工作场所内，因履行工作职责受到暴力等意外伤害的。

（4）患职业病的。

（5）因工外出期间，由于工作原因受到伤害或者发生事故下落不明的。

（6）在上下班途中，受到非本人主要责任的交通事故或者城市轨道交通、客运轮渡、火车事故伤害的。

（7）法律、行政法规规定应当认定为工伤的其他情形。

2）视同工伤的情形

职工有下列情形之一的，视同工伤：

（1）在工作时间和工作岗位，突发疾病死亡或者在48小时之内经抢救无效死亡的。

（2）在抢险救灾等维护国家利益、公共利益活动中受到伤害的。

（3）职工原在军队服役，因战、因公负伤致残，已取得革命伤残军人证，到用人单位后旧伤复发的。

2. 工伤保险待遇

职工因工作遭受事故伤害或者患职业病进行治疗，享受工伤医疗待遇。

1）工伤医疗的停工留薪期

停工留薪期一般不超过12个月。伤情严重或者情况特殊，经社区的市级劳动能力鉴定委员会确认，可以适当延长，但延长不得超过12个月。

2）工伤职工的护理

生活不能自理的工伤职工在停工留薪期需要护理的，由所在单位负责。

工伤职工已经评定伤残等级并经劳动能力鉴定委员会确认需要生活护理的，从工伤保险基金按月支付生活护理费。生活护理费按照生活完全不能自理、生活大部分不能自理或者生活部分不能自理3个不同等级支付，其标准分别为统筹地区上年度职工月平均工资的50%、40%或者30%。

3）职工因工致残的待遇

（1）职工因工致残被鉴定为1级至4级伤残的，保留劳动关系，退出工作岗位，从工伤保险基金按伤残等级支付一次性伤残补助金。

（2）职工因工致残被鉴定为 5 级、6 级伤残的，从工伤保险基金按伤残等级支付一次性伤残补助金。保留与用人单位的劳动关系，由用人单位安排适当工作，难以安排工作的由用人单位按月发给伤残津贴，并由用人单位按照规定为其缴纳应缴纳的各项社会保险费。经工伤职工本人提出，该职工可以与用人单位解除或者终止劳动关系，由工伤保险基金支付一次性工伤医疗补助金，由用人单位支付一次性伤残就业补助金。

（3）职工因工致残被鉴定为 7 级至 10 级伤残的，由工伤保险基金按伤残等级支付一次性伤残补助金，劳动聘用合同期满终止，或者职工本人提出解除劳动、聘用合同的，由工伤保险基金支付一次性工伤医疗补助金，由用人单位支付一次性伤残就业补助金。

4）其他规定

职工因工外出期间发生事故或者在抢险救灾中下落不明的，从事故发生当月起 3 个月内照发工资，从第 4 个月起停发工资，由工伤保险基金向其供养亲属按月支付供养亲属抚恤金。生活有困难的，可以预支一次性工亡补助金的 50%。

第八节 《中华人民共和国环境保护法》相关知识

为保护和改善环境，防治污染和其他公害，保障公众健康，推进生态文明建设，促进经济社会可持续发展，制定本法。

建筑施工企业应当遵守有关环境保护和安全生产的法律、法规的规定，采取控制和处理施工现场的各种粉尘、废气、废水、固体废物，以及噪声、振动对环境的污染和危害的措施。

（一）施工现场大气污染防治的规定

建筑土方、工程渣土、建筑垃圾应当及时清运。在场地内堆存的，应当采用密闭式防尘网遮盖。工程渣土、建筑垃圾应当进行资源化处理。

施工单位应当在施工工地公示扬尘污染防治措施、负责人、扬尘监督管理主管部门等信息。暂时不能开工的建设用地，建设单位应当对裸露地面进行覆盖。超过三个月的，应当进行绿化、铺装或者遮盖。

(二)施工现场固体废弃物污染防治的规定

施工单位不得将建筑垃圾交给个人或者未经核准从事建筑垃圾运输的单位运输。处置建筑垃圾的单位在运输建筑垃圾时，应当随车携带建筑垃圾处置核准文件，按照城市人民政府有关部门规定的运输路线、时间运行，不得丢弃、遗撒建筑垃圾，不得超出核准范围承运建筑垃圾。

(三)施工现场噪声污染防治的规定

在城市市区范围内，建筑施工过程中使用机械设备，可能产生环境噪声污染的，施工单位必须在工程开工 15 日以前向工程所在地县级以上地方人民政府生态环境主管部门申报该工程的项目名称、施工场所和期限、可能产生的环境噪声值以及所采取的环境噪声污染防治措施的情况。

(四)环境保护"三同时"制度

所谓"三同时"制度，是指建设项目需要配套建设的环境保护设施，必须与主体工程同时设计、同时施工、同时投产使用。《建设项目环境保护管理条例（2017 修订）》在第三章环境保护设施建设中，对"三同时"制度进行了规定。

第九节 《中华人民共和国消防法》相关知识

为了预防火灾和减少火灾危害，加强应急救援工作，保护人身、财产安全，维护公共安全，制定本法。

消防工作贯彻预防为主、防消结合的方针，按照政府统一领导、部门依法监管、单位全面负责、公民积极参与的原则，实行消防安全责任制，建立健全社会化的消防工作网络。任何单位和个人都有维护消防安全、保护消防设施、预防火灾、报告火警的义务。任何单位和成年人都有参加有组织的灭火工作的义务。

(一)机关、团体、企业、事业单位应当履行下列消防安全职责

1. 制定消防安全制度、消防安全操作规程。
2. 实行防火安全责任制，确定本单位和所属各部门、岗位的消防安全责任人。
3. 针对本单位的特点对职工进行消防宣传教育。
4. 组织防火检查，及时消除火灾隐患。

5. 按照国家有关规定配置消防设施和器材、设置消防安全标志，并定期组织检验、维修，确保消防设施和器材完好、有效。

6. 保障疏散通道、安全出口畅通，并设置符合国家规定的消防安全疏散标志。

7. 居民住宅区的管理单位，应当依照前款有关规定，履行消防安全职责，做好住宅区的消防安全工作。

（二）生产、储存、运输、销售或者使用、销毁易燃易爆危险物品的单位、个人，必须执行国家有关消防安全的规定

1. 生产易燃易爆危险物品的单位，对产品应当附有燃点、闪点、爆炸极限等数据的说明书，并且注明防火防爆注意事项。对独立包装的易燃易爆危险物品应当贴附危险品标签。

2. 进入生产、储存易燃易爆危险物品的场所，必须执行国家有关消防安全的规定，禁止携带火种进入生产、储存易燃易爆危险物品的场所。禁止非法携带易燃易爆危险物品进入公共场所或者乘坐公共交通工具。

3. 储存可燃物资仓库的管理，必须执行国家有关消防安全的规定。

（三）禁止在具有火灾、爆炸危险的场所使用明火

因特殊情况需要使用明火作业的，应当按照规定事先办理审批手续。作业人员应当遵守消防安全规定，并采取相应的消防安全措施。

进行电焊、气焊等具有火灾危险的作业人员和自动消防系统的操作人员，必须持证上岗，并严格遵守消防安全操作规程。

第十节 《建设工程质量管理条例》相关知识

为了加强对建设工程质量的管理，保证建设工程质量，保护人民生命和财产安全，根据《中华人民共和国建筑法》，制定本条例。

（一）建设工程质量竣工验收制度

1. 竣工验收应当具备的法定条件

根据《建设工程质量管理条例》的规定，建设工程竣工验收应当符合下列条件：
（1）完成建设工程设计和合同约定的各项内容。

（2）有完整的技术档案和施工管理资料。
（3）有材料、设备、构配件的质量合格证明资料和试验、检验报告。
（4）有勘察设计、施工、工程监理等单位分别签署的质量合格文件。
（5）有施工单位签署的工程质量保修书。

2. 竣工验收备案管理

建设工程竣工验收完毕以后，由建设单位负责，在15日内向备案部门办理竣工验收备案。

（二）建设工程质量保修制度

《建设工程质量管理条例》第四十条规定，在正常使用条件下，建设工程的最低保修期限如下：

1. 基础设施工程、房屋建筑的地基基础工程和主体结构工程，为设计文件规定的该工程的合理使用年限。
2. 屋面防水工程、有防水要求的卫生间、房间和外墙面的防渗漏，为5年。
3. 供热与供冷系统，为两个采暖期、供冷期。
4. 电气管线、给水排水管道、设备安装和装修工程，为2年。

其他项目的保修期限由发包方与承包方约定。建设工程的保修期限自竣工验收合格之日起计算。

第十一节 《特种设备安全监督检查办法》相关知识

为了规范特种设备安全监督检查工作，落实特种设备生产、经营、使用单位和检验、检测机构安全责任，根据《中华人民共和国特种设备安全法》《特种设备安全监察条例》等法律、行政法规，制定本办法。

（一）监督检查的原则

特种设备安全监督检查工作应当遵循风险防控、分级负责、分类实施、照单履职的原则。

（二）监督检查分类

1. 常规监督检查

市场监督管理部门依照年度常规监督检查计划，对特种设备生产、使用单位实施常规监督检查。

2. 专项监督检查

专项监督检查工作方案应当要求特种设备生产、经营、使用单位和检验、检测机构开展自查自纠，并规定专门的监督检查项目和内容，或者参照常规监督检查的项目和内容执行。

3. 证后监督检查

市场监督管理部门对其许可的特种设备生产、充装单位和检验、检测机构是否持续保持许可条件、依法从事许可活动实施证后监督检查。

（三）监督检查的组织方式

1. 常规监督检查

常规监督检查应当采用"双随机、一公开"方式，随机抽取被检查单位和特种设备安全监督检查人员（以下简称检查人员），并定期公布监督检查结果。

2. 专项监督检查

组织专项监督检查的市场监督管理部门应当制定专项监督检查工作方案，明确监督检查的范围、任务分工、进度安排等要求。

3. 证后监督检查

组织实施证后监督检查的市场监督管理部门应当制定证后监督检查年度计划和工作方案。

证后监督检查年度计划应当明确检查对象、进度安排等要求，工作方案应当明确检查方式、检查内容等要求。

市场监督管理部门开展证后监督检查应当采用"双随机、一公开"方式，随机抽取被检查单位和检查人员，并及时公布监督检查结果。

（四）监督检查的人员条件

市场监督管理部门实施监督检查时，应当有两名以上检查人员参加，出示有效的特种设备安全行政执法证件，并说明检查的任务来源、依据、内容、要求等。

市场监督管理部门根据需要可以委托相关具有公益类事业单位法人资格的特种设备检验机构提供监督检查的技术支持和服务，或者邀请相关专业技术人员参加监督检查。

参考文献

[1] 北京土木建筑学会. 模板与脚手架工程施工技术措施[M]. 北京：经济科学出版社，2005.

[2] 郝增锁，郝晓明. 钢筋快速下料方法与实例[M]. 北京：中国建筑工业出版社，2009.

[3] 赵育红，吴俊峰. 混凝土工（初级）（第2版）[M]. 北京：中国劳动社会保障出版社，2012.

[4] 杜荣军. 建筑施工脚手架实用手册[M]. 北京：中国建筑工业出版社，1994.

[5] 罗国强. 建筑施工中的结构问题[M]. 北京：中国建筑工业出版社，1997.

[6] 徐伟，苏宏阳，金福安. 土木工程施工手册[M]. 北京：中国计划出版社，2003.

[7] 曹洪吉，程丽. 屋面与防水工程施工[M]. 北京：机械工业出版社，2011.

[8] 中国建筑工程总公司. 建筑装饰装修工程施工工艺标准[S]. 北京：中国建筑工业出版社，2003.

[9] 肖绪文. 建筑装饰装修工程施工操作工艺手册[M]. 北京：中国建筑工业出版社，2010.

[10] 孙武. 建筑装饰装修工程施工[M]. 北京：中国建筑工业出版社，2010.

[11] 张奕. 农村建筑工匠基础知识读本[M]. 北京：中国建材工业出版社，2018.

[12] 于丽. 农村建筑工匠知识读本[M]. 北京：中国建筑工业出版社，2009.

[13] 魏艳萍. 建筑识图与构造[M]. 北京：中国电力出版社，2006.

[14] 孙玉红. 房屋建筑构造[M]. 北京：机械工业出版社，2023.

[15] 杨维菊. 房屋建筑构造[M]. 北京：中国建筑工业出版社，2017.

[16] 赵研. 建筑识图与构造[M]. 北京：中国建筑工业出版社，2008.

[17] 王冰. 建筑工程测量员培训教材[M]. 北京：中国建材工业出版社，2011.

[18] 杨莹. 建筑工程测量[M]. 北京：机械工业出版社，2021.

[19] 江苏省乡村规划建设研究会. 乡村建设工匠培训教材[M]. 北京：中国建筑工业出版社，2022.

[20] 李君宏，张晓敏. 安装工程计量与计价[M]. 北京：中国建筑工业出版社，2010.

[21] 谭大璐，彭盈. 工程计量[M]. 北京：中国建筑工业出版社，2018.

[22] 广东省建设教育协会. 乡村建筑工匠培训教材[M]. 北京：中国建筑工业出版社，2020.

[23] 袁建新. 建筑工程量计算[M]. 北京：中国建筑工业出版社，2010.

[24] 李继业，张峰，胡琳琳. 绿色建筑节能工程材料[M]. 北京：化学工业出版社，2018.

[25] 魏鸿汉. 建筑材料（第六版）[M]. 北京：中国建筑工业出版社，2022.

[26] 李启明，汪振双，张聪. 建筑材料[M]. 北京：中国建筑工业出版社，2022.